W0194796

TANJA DUSY

Was koche ich, wenn ...?

Was koche ich, wenn ...?

AUTORIN: TANJA DUSY

FOTOS: KLAUS-MARIA EINWANGER

Was koche ich, wenn ...?

Was koche ich heute?

Die Frage kenne ich noch gut von meiner Mutter und Großmutter. Und offensichtlich beschäftigt sie auch heute Generationen von Müttern und all jene, die häufig oder regelmäßig kochen.
Da wäre es doch toll, wenn darauf jemand täglich die richtige Antwort geben könnte – oder?

Kochen mit wenig Zeit, mal nur für zwei oder gleich für eine ganze Horde hungriger Kinder, für das große Familienfest und mit leerem Geldbeutel am Monatsende: Kein Tag ist wie der andere, und deshalb braucht jeder Tag das passende Rezept.

Das passende Rezept für jeden Tag

Jeden Tag zu kochen ist eine echte Herausforderung. Ständig sind neue Ideen gefragt: Rezepte mit möglichst einfachen Zutaten; oder Rezepte mit dem besonderen Pfiff, die ein Essen zum Feiertagsmenü machen. Die beliebten Klassiker; oder ungewöhnliche neue Gerichte, die selbst anspruchsvolle Gäste beeindrucken. Rezepte, die saisonale Aspekte berücksichtigen; und Rezepte mit nicht ganz alltäglichen Zutaten und Garmethoden, damit es nicht langweilig wird.

Und natürlich Rezepte, die mir je nach Anlass ganz konkret helfen: Damit ich beim großen Galadinner alle Gänge auf die Reihe kriege, bei Freunden mit verschiedenen Häppchen glänzen oder für den Alltag etwas Leckeres aus Resten zaubern kann. Für alle diese Situationen versucht unser Buch passende Vorschläge zu liefern.

Geplant spontan – geht das?

Das klingt doch schon mal super: immer das richtige Rezept zur Hand. Der Stress beginnt aber oft erst danach, nämlich beim Einkaufen: Wenn ich zum Beispiel noch kurz vor dem Kochen loshetzen muss, um Zutaten zu besor-

gen. Etwas Planung verschafft da Erleichterung. Aber das ist eine Kunst, denn wir wissen ja, dass kein Tag wie der andere ist. Feste Wochenpläne und Einkaufslisten helfen da oft herzlich wenig. Wenn ich aber vorausschauend plane, eine Art Grundgerüst habe und dann umso schlauer spontan organisiere, erspart das eine Menge Arbeit und Mühe. Hilfreich ist es auf jeden Fall, sich einen Grundvorrat an Lebensmitteln anzulegen (s. S. 9), der sich natürlich an den persönlichen Vorlieben und Kocherfahrungen orientieren sollte. Nudelfans beispielsweise haben sicher eine große Auswahl Pasta im Vorrat und die Grundzutaten für die Lieblingssaucen. So ist immer etwas im Haus, aus dem sich ganz schnell etwas zaubern lässt.

Dreimal gut: für sofort – hält länger – ist auch später noch gut

Bei jeder Einkaufstour verfahre ich möglichst nach diesem Prinzip: Also den frischen Fisch am selben Tag mit Reis und knackigem Salat zubereiten, am nächsten Tag Reisreste zu pikanten Küchlein (s. S. 61) verarbeiten und für den dritten Tag einen Gemüseeintopf planen, mit allem, was sich zwei, drei Tage im Gemüsefach hält (z. B. Wirsingeintopf S. 33, Gemüseeintopf S. 43 oder Kartoffelsuppe S. 53): Wer zusätzlich das Prinzip »Einmal kochen, zweimal essen« (sprich Resteverwertung) berücksichtigt, ist noch einen Schritt weiter in Sachen intelligenter Organisation (z. B. Resteauflauf, S. 55, oder Milchreis, der zum Reisschmarrn wird, S. 61). Ähnliches gilt auch für zeitaufwendige Gerichte wie Braten. Die Schmorzeit ist nur wenig länger, wenn Sie gleich die doppelte Menge zubereiten – und dann eine Hälfte einfrieren.

So lassen sich mit etwas Überlegung viele Rezepte in diesem Buch kombinieren – dann kommt garantiert jeden Tag das Richtige auf den Tisch. Und das ganz entspannt!

Bestimmte Grund- oder Basiszutaten braucht man eigentlich immer. Weil sie fast alle lange haltbar sind, reicht es, in regelmäßigen Abständen das Haltbarkeitsdatum checken und Fehlendes wieder aufzufüllen. Dabei lassen sich gut Sonderangebote nutzen.

Das sollte unbedingt im Vorratsschrank stehen

• Salz, Zucker, Pfeffer
• Mehl, Semmelbrösel, Speisestärke, Backpulver
• Nudeln und Reis (auf jeden Fall!), Couscous, Bulgur, Polenta (die sind immer gut für die schnelle Küche)
• Bohnen, Linsen (getrocknet oder in Dosen)
• Instantbrühen oder Fonds
• Essig, Olivenöl und Sonnenblumenöl
• Tomatenmark, Senf, Ketchup (nicht nur in Haushalten mit Kindern)
• ein paar Konserven, z. B. Tomaten (ganz, passiert oder stückig), Thunfisch, Mais
• Kartoffeln, Zwiebeln, Knoblauch – die gehören an einen dunklen, aber luftig-kühlen Ort.

Was in den Kühlschrank gehört

Hinein kommt alles, was frisch und leicht verderblich ist und deshalb kühl gelagert werden muss. Ein Kombigerät mit größerem Gefrierfach für einen Tiefkühlvorrat ist dabei ideal. Kühlschrank-Vorräte sollten Sie einmal pro Woche checken und ggf. nachkaufen:
• Eier, Butter, Butterschmalz
• Milch und Milchprodukte wie Joghurt, Sahne, saure Sahne oder Crème fraîche
• Gemüse gehört ins Gemüsefach. Wurzelgemüse, Kohl, Lauch, Fenchel halten sich dort im Regelfall gut eine Woche.
• Höchstens 2–3 Tage vertragen Pilze und zartes Blattgemüse wie Spinat, Mangold oder Salate.
• Auch Kräuter suchen das Kühle. In feuchtes Küchenpapier eingeschlagen und locker in Plastiktüten gepackt, halten sie 2–3 Tage, Robustes wie Thymian und Rosmarin auch eine Woche.

Eventuell eine gute Alternative: frische Kräuter in Töpfen auf der Fensterbank.
• Ausnahmen: Zwiebeln; Kartoffeln (s. o.), Gurken und mediterrane, sonnenverwöhnte Sorten wie Zucchini, Paprika, Auberginen.

Fleisch, Wurst und Fisch: Alles sollte nach dem Kauf möglichst rasch nach Hause, raus aus der Packung und in den Kühlschrank.
• Wurst kommt am besten in eine luftdichte Dose und hält dort gut 2–4 Tage (Geräuchertes auch eine Woche).
• Fleisch und Fisch in eine Schüssel geben, die man nicht ganz luftdicht abdeckt (z. B. mit einem Teller). Beides sollte darin nicht länger als zwei Tage liegen.
• Hackfleisch oder sehr klein geschnittenes Fleisch sollte unbedingt noch am selben Tag verarbeitet werden.

Gemüse – frisch oder TK-Ware

Grundsätzlich sollte man sich darüber im Klaren sein: Frisch schmeckt Obst und Gemüse einfach besser. Aber der Vitaminverlust beim Lagern ist bei bestimmten Sorten rasant. Wer es nur selten auf den Markt oder zum Gemüsehändler schafft, sollte daher statt lange gelagertem Gemüse besser Tiefkühlware nehmen – die wird erntefrisch schonend verarbeitet und eingefroren und hat daher häufig wesentlich mehr Vitamine.

»Etwas Besonderes kochen« bedeutet für mich einfach gut zu kochen – egal, ob unter der Woche oder an Sonn- und Feiertagen. »Einfach« ist dabei ganz wörtlich zu nehmen, weil man wirklich gut mit ganz einfachen Zutaten kochen kann – ohne großes Brimborium, aber mit etwas Sinn für die Produkte und Aromen, mit Zeit und Muse und vor allem mit Spaß bei der Arbeit.

Bewusst wählen

Gut kochen fängt damit an, die Zutaten (auch für den Vorrat) mit Bedacht auszuwählen. Preisbewusstes Einkaufen hat seinen Sinn, aber die Qualität muss stimmen. Suchen Sie nach »Geschmacks-Schnäppchen«, die es zu essen lohnt: Gutes Fleisch zum Beispiel, das beim Braten nicht zäh wird und in der Pfanne schrumpft. Dabei muss es nicht immer Filet oder Steak sein. Für viele Gerichte sind auch weniger »edle« Teile bestens geeignet. Lassen Sie sich von einem guten Metzger beraten.

Reifes Gemüse und Obst in der Saison frisch geerntet ist nicht nur günstiger, sondern besitzt auch am meisten Aroma. Wer dabei Bio-Ware nimmt, trifft meist eine gute Wahl, auch was die Umwelt betrifft. Allerdings macht es keinen Sinn, Bio-Petersilie aus fernen Ländern zu kaufen, wenn es hiesige, ungespritzte vom Bauernstand gibt, der kein Bio-Siegel, dafür aber mein Vertrauen hat. Gut zu überlegen, nachzufragen, mit seinen Händlern zu reden und sich von Fall zu Fall richtig zu entscheiden, ist wichtig für jeden, der mit guten Produkten und mit gutem Gewissen kochen will.

Der »Luxusvorrat« für den Geschmacks-Kick

Neben den alltäglichen Grundzutaten, wie reichlich frisches Gemüse und etwas Fleisch oder Fisch, brauche ich noch mein Extra: Kräuter, Gewürze und ein paar Schmankerln, die zusätzlich Geschmack und Aroma in die Küche bringen. Eine Investition, die sich auf jeden Fall lohnt, weil man meist nur wenig braucht, den

Gerichten damit aber oft den entscheidenden Kick geben kann. Und das zahlt sich doppelt aus, denn man schmeckt es.

Kräuter: Womit es oft noch besser schmeckt

Kräuter können Sie ruhig verschwenderisch verwenden. So duftet ein Gericht mit reichlich Basilikum und Thymian schon vor dem Essen nach Sonne und Süden und schmeckt auch gleich danach. Kräuter sollten am besten frisch verwendet werden, manche Sorten gehen notfalls auch tiefgekühlt. Bleiben mal frische, kräftig-aromatische Kräuter wie Petersilie, Dill oder Koriandergrün übrig, können Sie die gewaschenen Blättchen abzupfen, gut trocken tupfen in kleinen Plastikdöschen einfrieren. Für manche Gerichte mit langer Garzeit, wie Gulasch, Eintöpfe und Saucen sind getrocknete Kräuter besser, weil sie ihr Aroma über einen längeren Zeitraum abgeben. Thymian, Majoran und Oregano gehören hier zum Repertoire im Gewürzregal.

Gewürze und andere Aromaträger

Salz und Pfeffer dürfen selbstverständlich nie fehlen. Genau wie Paprika- und Chilipulver, herber Kümmel, süßlicher Koriander oder leicht exotischer Kreuzkümmel. Würzen kann zur Leidenschaft werden, aber man darf nicht übertreiben. Wenn Sie nicht gerade indische Currys oder orientalische Ragouts zubereiten, reichen ein oder zwei verschiedene Würzaromen, sonst stehlen sie sich gegenseitig die Show und überdecken alle anderen Aromen. Im Grunde geht es ja beim Würzen vor allem darum, die richtige Balance zwischen den Geschmacksrichtungen sauer, scharf, süß, salzig oder auch mal bitter zu finden, oder eine davon zu betonen. Kommen also bestimmte Aromen bereits zur Genüge in meinem Gericht vor, muss ich sie nicht verstärken, sondern benötige eher einen guten Gegenpol: also scharfen Zimt zu süßen Früchten, herben Kreuzkümmel zu süßlichen Gemüsen wie Möhren oder süßlich scharfes Paprikapulver zu Sauerkraut etc. Eine Prise hiervon, ein bisschen davon – das genügt oft schon.

Ich kann auch andere Zutaten als Würze einsetzen: Zusätzlich salzig wird's mit Sardellen, Kapern und Oliven, einem Schuss Sojasauce, ein paar Würfelchen Speck oder etwas Parmesan. Säure bringen Weißwein, Zitronen- oder Limettensaft, Schärfe Senf, Meerrettich oder Ingwer. Statt Zucker passen Honig, etwas Gelee oder Konfitüre, Rosinen oder Trockenfrüchte, ein Tropfen süßer Sherry oder Likör, Vanille und sogar Schokolade – also gar nichts Exotisches, sondern Zutaten, die ansonsten ein eher wenig beachtetes Dasein in vielen Regalen und Kühlschränken fristen.

Wie Kochen richtig Spaß macht

Wenn die Frage geklärt ist, was es geben soll und die Zutaten im Haus sind, kann es endlich an den Herd gehen. Lesen Sie als Erstes das Rezept ganz durch und bereiten Sie vor, was später gebraucht wird, denn Hektik ist der ärgste Feind eines gelungenen Gerichts. Das mit dem Vorbereiten ist besonders wichtig, wenn Sie ein ganzes Menü anbieten oder viele verschiedene Gerichte, z. B. für ein Büfett. Am besten schreiben Sie sich dann Einkaufs- und eventuell auch Arbeitslisten. Bei einigen Rezepten im Buch sind spezielle Tipps und Vorschläge angegeben, was man am besten wann vorbereitet.

Schlaue Feierprofis organisieren sich für diese Fälle rechtzeitig Hilfe: Spannen Sie die Familie und Freunde ein oder laden Sie gleich zu einer Mitkoch-Party ein (s. S. 173ff.).

Egal, zu welchem Anlass, planen Sie auf jeden Fall immer genügend Zeit ein. Das hilft, wenn etwas nicht auf Anhieb klappt. Kleine Missgeschicke passieren auch großen Köchen – gut, wenn dann Spaghetti und das Notfall-Glas Pesto im Schrank stehen. Zum Glück kommt es so weit aber meist doch nicht. Denn auch wenn es eine Binsenweisheit ist: Übung macht den Meister.

Genießen lernen

Wer täglich kocht, bekommt Routine, arbeitet schneller und gewinnt ein Gefühl für Garzeiten, die richtigen Mengen und gekonntes Abschmecken – wenn er das will. Dazu muss man sich auf die Arbeit am Herd einlassen, gut auf den Inhalt der Töpfe achten und es auch ein Stück weit genießen, zu schauen, zu riechen, zu schmecken… Im Laufe der Zeit wird es immer mehr Spaß machen, wenn alles auf den Punkt gelingt; wenn das Fleisch zart und saftig, das Gemüse aromatisch, knackig und mit dem gewissen Pfiff gewürzt auf dem Tisch stehen. Ein Ergebnis, dass sich sehen und vor allem schmecken lassen kann! Ein kleines Koch-Gesamtkunstwerk, für das sich das Kochen täglich aufs Neue lohnt. Und das sollte man ausgiebig genießen – in aller Ruhe und gemeinsam mit Familie, Freunden und Bekannten.

MITTAGESSEN

... wenn ich einfach etwas Gutes essen möchte

NIZZA-BAGUETTE MIT THUNFISCH

sommerlich-mediterran

Für 1 Person:

1 Ei • 1/3 TL Dijon-Senf
1 TL Weißweinessig • 1 EL Olivenöl
Salz • Pfeffer
1 kleine Dose Thunfisch im eigenen
   Saft (ca. 50 g Abtropfgewicht)
1 große Tomate
3 grüne mit Paprika gefüllte Oliven
4 Stängel Petersilie
1/2 kleine rote Zwiebel
2 Kopfsalatblätter • 1 Baguettebrötchen

Zubereitungszeit: 20 Min.
Pro Portion: ca. 385 kcal

1 Das Ei in kochendem Wasser in 10 Min. hart kochen, kalt abschrecken und abkühlen lassen.

2 Inzwischen Senf, Essig und Öl verrühren und mit Salz und Pfeffer würzen. Den Thunfisch abgießen und mit einer Gabel grob zerpflücken. Die Tomate waschen und in kleine Würfel schneiden, dabei den Stielansatz entfernen. Die Oliven in Ringe schneiden. Petersilie waschen, trocken schütteln, Blättchen abzupfen und fein hacken. Alles mit dem Dressing mischen und 5 Min. ziehen lassen.

3 Inzwischen die Zwiebel schälen und in dünne Ringe schneiden. Den Salat waschen und gut trocken tupfen. Das Ei pellen und in Scheiben schneiden. Das Brötchen aufschneiden. Die untere Hälfte mit Salatblättern belegen, darauf die Thunfisch-Tomaten-Mischung geben und mit Zwiebelringen belegen. Darüber die Eischeiben schichten, salzen und pfeffern, dann die obere Brötchenhälfte daraufsetzen.

Dann gibt's eben ein Brot. Nicht irgendeins, sondern ein richtig üppiges Sandwich mit rundum allem drauf. Straff in Frischhaltefolie gepackt, sind die Sattmacherstullen transporttauglich und damit ein klasse Bürolunch.

CIABATTA ROMANA MIT MORTADELLA
frisch · kräutergrün

Für 1 Person:
je 2 EL Mayonnaise und Quark (20 %)
1 TL Pesto (aus dem Glas)
1 Frühlingszwiebel
1/2 TL Kapern · 1/2 Bund Rucola
Salz · Pfeffer · Chilipulver
1 Tomate · 1 Ciabattabrötchen
2 Scheiben Mortadella

Zubereitungszeit: 15 Min.
Pro Portion: 520 kcal

1 Mayonnaise und Quark mit dem Pesto verrühren. Die Zwiebel waschen, putzen und mit dem Grün in feine Ringe schneiden. Die Kapern fein hacken, beides unter die Creme rühren. Rucola waschen, trocken schütteln und grobe Stiele wegschneiden. Die Hälfte der Blätter fein hacken und unter die Creme rühren, mit Salz, Pfeffer und Chilipulver würzen.

2 Die Tomate waschen, abtrocknen und quer in Scheiben schneiden, dabei den Stielansatz entfernen. Brötchen aufschneiden, die untere Hälfte mit der Creme bestreichen. Tomatenscheiben darauflegen, salzen und pfeffern. Die Mortadella darüberlegen und die übrigen Rucolablättchen darauf verteilen. Das Brötchen zuklappen.

ROASTBEEF-BAGEL MIT GURKENRELISH
wie in New York

Für 1 Person:
1 Stück Salatgurke (ca. 60 g)
2 kleine Gewürzgurken (aus dem Glas)
2 Stängel Dill
1/3 TL Dijon-Senf
1/2 TL Sweet-Chili-Sauce (Asienladen)
Salz · Pfeffer · Zucker
2 große Kopfsalatblätter
1 (Sesam-)Bagelbrötchen
1 TL Butter
3 Scheiben Roastbeef

Zubereitungszeit: 25 Min.
Pro Portion: ca. 245 kcal

1 Die Salatgurke schälen, längs halbieren und die Kerne herauskratzen. Das Gurkenfleisch winzig fein würfeln, ebenso die Gewürzgurken. Den Dill waschen, trocken schütteln und die Spitzen fein hacken. Alles mit Senf und Chilisauce mischen und mit Salz, Pfeffer und 1 Prise Zucker würzen. Die Gurken 10 Min. ziehen lassen.

2 Inzwischen den Salat waschen und gut trocken tupfen. Das Brötchen halbieren und die untere Hälfte mit Butter bestreichen. 1 Salatblatt und die Roastbeefscheiben darauflegen. Das Gurkenrelish darauf verteilen und mit dem zweiten Salatblatt abdecken. Die obere Brötchenhälfte daraufklappen.

WRAPS MIT BUNTEM PUTENBRUSTSALAT

schnell gerollt · Büro-Brunch

Für 2 Personen:
1/2 kleiner Eisbergsalat
1 dicke Scheibe geräucherte Putenbrust
(ca. 100 g) • 80 g Emmentaler Käse
2 Scheiben Ananas (aus der Dose)
1 kleine rote Paprikaschote
2 Frühlingszwiebeln
3 EL Mayonnaise • 100 g Joghurt
Salz • Pfeffer • 3/4 TL Currypulver
2 Weizentortillas (Wraps; Fertigprodukt)

Zubereitungszeit: 20 Min.
Pro Portion: ca. 530 kcal

1 Den Salat putzen, waschen, in dünne Streifen schneiden und trocken tupfen oder schleudern. Putenbrust und Käse in schmale Stifte schneiden. Die Ananas gut abtropfen lassen und in kleine Stücke schneiden. Die Paprikaschote halbieren, putzen, waschen und klein würfeln. Frühlingszwiebeln waschen, trocken schütteln und mit Grün in feine Ringe schneiden.

2 Die Mayonnaise mit dem Joghurt verrühren, Ananas, Paprika und Zwiebelringe unterrühren und kräftig mit Salz, Pfeffer und Currypulver abschmecken. Die Currycreme auf den Wraps verteilen, dabei einen Rand frei lassen. Dann Käse- und Putenbruststifte darauflegen, darauf den Salat verteilen. Jetzt die Wraps vorsichtig und möglichst straff aufrollen. Evtl. zum Transportieren fest in Frischhaltefolie wickeln.

Wenn ich keine Ananas mag?

Statt der Ananas passt auch gut 1 Apfel, in kleine Würfel geschnitten, in die Wraps.

Manchmal geht es morgens hektisch zu. Zeit für den Brain-Power-Drink muss aber sein: Der macht fit und lässt auch Morgenmuffel durchstarten. Wenn's erst im Büro zum Frühstück reicht: Gut durchgezogen schmeckt das Müsli umso besser.

BIRCHERMÜSLI MIT FRÜCHTEN

Schweizer Klassiker auf neue Art

Für 4 Personen:
75 g kernige Haferflocken
1 EL Rosinen
1 großer Apfel
2 EL frisch gepresster Zitronensaft
1 EL Honig • 1 Msp. Zimtpulver
ca. 500 g frisches Obst (s. Tipp)
100 g Sahne
1 Päckchen Vanillezucker
3 EL Haselnuss- oder Mandelblättchen

Zubereitungszeit: 15 Min.
Quellzeit: mindestens 4 Std.
Pro Portion: ca. 330 kcal

1 Die Haferflocken und die Rosinen mit 150 ml Wasser verrühren und zugedeckt mindestens 4 Std. (besser über Nacht) einweichen.

2 Den Apfel waschen, vierteln, das Kerngehäuse herausschneiden und die Viertel grob auf der Gemüsereibe raspeln. Sofort mit 1 EL Zitronensaft mischen und mit Honig und Zimt unter die Flocken mischen.

3 Das übrige Obst je nach Sorte waschen, evtl. schälen und in mundgerechte Stücke schneiden, mit übrigem Zitronensaft mischen. Die Sahne mit dem Vanillezucker steif schlagen. Obst und Sahne unter die Flocken heben, nach Wunsch mit Nüssen bestreuen.

Welches Obst passt denn?

Am besten sind natürlich immer saisonale (und damit reife), aromatische Früchte. Eine leckere, fast ganzjährig gut erhältliche Kombination sind z. B. 1 Banane, 250 g Weintrauben, 1 Kiwi und 2 Mandarinen.

BRAIN-POWER-DRINK

macht Frühstücksmuffel fit

Für 4 Personen:
1 große Papaya (ca. 400 g)
1 Banane
4 Orangen
1 rosa Grapefruit
150 g Joghurt
2–4 EL Sanddornmark (Bioladen)

Zubereitungszeit: 15 Min.
Pro Portion: ca. 160 kcal

1 Die Papaya halbieren und die Kerne mit einem Teelöffel herauskratzen. Papaya schälen und das Fruchtfleisch grob zerschneiden. Die Banane schälen und in Stücke schneiden. Orangen und Grapefruit halbieren und den Saft auspressen.

2 Papaya, Banane, Joghurt und Saft mit dem Pürierstab pürieren und kräftig durchmixen. Mit dem Sanddornmark nach Wunsch süßen.

ZWEIERLEI BOHNEN-SALAT MIT SCHAFKÄSE

südliche Aromen fürs Büro

Für 1–2 Personen:
*1 Dose Kidneybohnen (ca. 150 g Abtropf-
    gewicht)*
200 g grüne Bohnen (frisch oder TK)
Salz • 1 Tomate
je 1/2 Bund Basilikum und Petersilie
1 kleine Knoblauchzehe
2 EL Pinienkerne • 3 EL Olivenöl
1 1/2 EL Rotweinessig
3–4 EL Gemüsebrühe • Pfeffer
5 schwarze Oliven ohne Stein
100 g Schafkäse (Feta)

Zubereitungszeit: 25 Min.
Marinierzeit: 1 Std.
Pro Portion (bei 2): ca. 680 kcal

1 Die Kidneybohnen in ein Sieb abgießen, kalt abbrausen und abtropfen lassen. Grüne Bohnen waschen und putzen. In 4 cm lange Stücke schneiden und in kochendem Salzwasser (TK-Bohnen gefroren hineingeben) zugedeckt in 6–8 Min. bissfest garen. In ein Sieb gießen, kalt abbrausen, abtropfen lassen. Tomate waschen und in Stücke schneiden, dabei den Stielansatz entfernen. Mit beiden Bohnensorten mischen.

2 Die Kräuter waschen, trocken tupfen und mit den Stielen grob zerschneiden. Knoblauch schälen und grob hacken. Alles mit Pinienkernen, Öl, Essig und Brühe schaumig und fein pürieren, salzen und pfeffern.

Die Oliven in Ringe schneiden und mit Bohnen und Dressing mischen, evtl. mit Salz und Pfeffer abschmecken. Mindestens 1 Std. durchziehen lassen. Vor dem Essen den Schafkäse in Würfelchen schneiden und unterheben.

... wenn's mal mehr sein soll?

Alle Salate auf diesen Seiten lassen sich problemlos verdoppeln oder verdreifachen und machen sich dann auch auf einem Partybüfett gut.

und mittags nur was Kaltes mag, dann sind Salate die Lösung. Sie machen satt und belasten doch Kopf und Magen nicht über Gebühr. Morgens flink zubereitet und gut verpackt halten sie locker bis zur Mittagspause durch.

HERINGSSALAT MIT ROTER BETE

cremig fein

Für 1 Person:
2 Matjesfilets (ca. 120 g)
1 kleine Rote Bete (gegart; vakuum-verpackt)
1 Schalotte • 1 kleiner Apfel
2 EL Schmant • 3 EL Joghurt
1/3 TL Dijon-Senf
1 TL Weißweinessig
Salz • Pfeffer • Zucker
2 Stängel Dill

Zubereitungszeit: 15 Min.
Marinierzeit: 1 Std.
Pro Portion: ca. 550 kcal

1 Die Matjes kalt abbrausen, gut trocken tupfen und in mundgerechte Stücke schneiden. Die Rote Bete in kleine Würfel schneiden (am besten mit Plastik-Handschuhen arbeiten – Rote Bete färbt!). Die Schalotte schälen und fein hacken. Den Apfel schälen, vierteln und in kleine Würfel schneiden, dabei das Kerngehäuse entfernen.

2 Schmant, Joghurt, Senf und Essig verrühren und mit Salz, Pfeffer sowie 2–3 Prisen Zucker würzen. Den Dill waschen, trocken schütteln, fein hacken und unter die Creme rühren. Die Schmantcreme mit den übrigen Zutaten mischen und mindestens 1 Std. durchziehen lassen.

Wie transportiere ich die Salate?

Am besten in Schraubgläser füllen. Frische Kräuter erst vor Ort hacken und unterrühren, damit sie nicht lappig werden – alles andere darf ruhig länger durchziehen.

WURSTSALAT MIT SENFDRESSING

Klassiker neu aufgelegt

Für 1 Person:
120 g Fleischwurst oder Lyoner
2 Eiertomaten
50 g Senfgurken (aus dem Glas)
je 1/2 TL Dijon- und körniger Senf
1 1/2 EL Weißweinessig
2 EL Rapsöl
Salz • Pfeffer • Zucker
1/2 Bund Schnittlauch

Zubereitungszeit: 15 Min.
Marinierzeit: 30 Min.
Pro Portion: ca. 395 kcal

1 Die Wurst in Scheiben, diese in breite, mundgerechte Streifen schneiden. Die Tomaten waschen, trocknen, längs halbieren und quer in Scheiben schneiden. Die Senfgurken abtropfen lassen und fein würfeln.

2 Den Senf mit Essig und Öl verrühren und mit Salz, Pfeffer und ca. 2 Prisen Zucker abschmecken. Den Schnittlauch waschen, trocken schütteln, in breite Röllchen schneiden und unter das Dressing mischen. Gut unter die übrigen Zutaten mischen und mindestens 30 Min. durchziehen lassen.

Schnelle Küche und dazu noch gesund? Oder gar vegetarisches Fast Food? Kein Problem. Mit schnell garendem Getreide, kurz gedünstetem Gemüse und ein paar aufpeppenden Gewürzen entstehen in kürzester Zeit vollständige Mahlzeiten oder eben Veggie-Fast-Food de luxe.

LINSEN-COUSCOUS UND KOHL MIT CHILIBRÖSELN

ungewöhnlich · toll gewürzt

Für 4 Personen:
1 Zwiebel
5 EL Olivenöl
50 g rote Linsen
1/2 TL Currypulver
2 EL Rosinen
1/4 l Gemüsebrühe
250 g Couscous
2 Köpfe Spitzkohl (à ca. 500 g, ersatz-
*   weise junger Weißkohl)*
Salz
3 Scheiben Toastbrot
1 rote Chilischote
1 Knoblauchzehe
3 EL Kernemix (Sonnenblumen-,
*   Kürbis- und Pinienkerne)*
1 TL Butter
1–2 EL frisch gepresster Zitronensaft

Zubereitungszeit: 30 Min.
Pro Portion: ca. 515 kcal

1 Die Zwiebel schälen und fein würfeln. In einem Topf 2 EL Öl erhitzen, die Zwiebel darin andünsten. Linsen unter Rühren 1 Min. mitbraten. Currypulver, Rosinen und Gemüsebrühe dazugeben und zugedeckt 5 Min. bei schwacher Hitze köcheln lassen. Dann den Couscous einrühren und auf der ausgeschalteten Herdplatte noch 5 Min. quellen lassen.

2 Inzwischen den Kohl von unschönen äußeren Blättern befreien, längs vierteln, putzen und waschen. 1 EL Öl in einer gro-ßen Pfanne erhitzen, Kohlviertel darin 1 Min. anbraten, wenden und die zweite Seite ebenfalls anbraten. Dann salzen und ca. 100 ml Wasser angießen. Zugedeckt bei schwacher Hitze in 6–8 Min. gar dünsten.

3 Zwischenzeitlich den Toast in feine Wür-fel schneiden. Chilischote halbieren, ent-kernen und winzig fein hacken. Knoblauch schälen und durchpressen, beides mit 2 EL Öl mischen. Die Kerne grob hacken und mit dem Toast und dem Öl gut mischen. Butter in einem Pfännchen erhitzen, darin die Brot-Kerne-Mischung bei mittlerer Hitze 2–3 Min. anrösten.

4 Den gequollenen Couscous mit einer Gabel auflockern, mit etwas Zitronensaft abschmecken und auf eine Platte geben. Kohl aus dem Garwasser heben, neben dem Couscous anrichten und mit den Brö-seln überstreuen.

Wenn ich wirklich Zeit sparen will

... aber trotzdem gesund essen und nicht auf Gemüse verzichten möchte, wähle ich »schnelle« Gemüse wie Zucchini, Paprika oder Pilze. Die müssen nicht extra geschält und aufwendig geputzt werden und garen dazu noch ruck, zuck! Junge Saisongemüse wie Zuckerschoten oder Fingermöhren sind ebenfalls schneller beim Garen – so auch der Spitzkohl im Vergleich zu Weißkohl oder anderen Kohlsorten. TK-Gemüse wie Grüne Bohnen, Erbsen oder Spinat sind erntefrisch verarbeitet und bereits scho-nend vorgegart – also eine gute Alternative zu frischem Grünzeug.

POLENTA MIT RADICCHIO-CHICORÉE-GEMÜSE

cremig · ungewöhnlich

Für 4 Personen:
1 Zweig Thymian
3/4 l Milch · 2 EL Butter
Salz · frisch geriebene Muskatnuss
120 g Polenta (Maisgrieß)
50 g frisch geriebener Parmesan
1 Radicchio (ca. 300 g)
2 Stauden Chicorée
2 EL Olivenöl · 1 EL Zucker
60 ml Gemüsebrühe
4 EL Sahne
1–2 EL Aceto balsamico

Zubereitungszeit: 25 Min.
Pro Portion: ca. 435 kcal

1 Den Thymian waschen und trocken schütteln, die Blättchen abzupfen und fein hacken. Mit der Milch und der Butter in einen Topf geben, aufkochen lassen, mit Salz und Muskat würzen. Den Polentagrieß unter Rühren einrieseln lassen. Die Hitze reduzieren und die Polenta bei schwacher Hitze in 15 Min. ausquellen lassen. Anschließend den Parmesan unterrühren.

2 Inzwischen den Radicchio vierteln, vom Strunk befreien, in schmale Spalten schneiden, waschen und trocken schütteln. Chicorée in einzelne Blätter teilen, dabei den Strunk wegschneiden, waschen und tro-cken schütteln. Die Blätter aufeinanderlegen und quer in 3 cm breite Streifen schneiden.

3 Öl in einer beschichteten Pfanne erhitzen. Chicorée und Radicchio darin bei starker Hitze 2 Min. anbraten, dabei wenden. Zucker darüberstreuen. 1 Min. weiterbraten, dann Brühe und Sahne dazugeben, salzen, pfeffern. Zugedeckt bei schwacher Hitze 4–5 Min. garen. Anschließend mit Essig abschmecken. Die Polenta auf Teller verteilen und das Radicchio-Chicorée-Gemüse daraufgeben.

GNOCCHI MIT GORGONZOLASPINAT

vegetarisch, aber üppig

Für 4 Personen:
300 g TK-Blattspinat
1 Zwiebel · 1 Knoblauchzehe
150 g Gorgonzola · Salz
1 EL Olivenöl
100 ml Gemüsebrühe
150 g Sahne
500 g Gnocchi (Kühlregal)
3 EL Walnusskerne
Pfeffer · Chilipulver
1–2 TL frisch gepresster Zitronensaft

Zubereitungszeit: 25 Min.
Pro Portion: ca. 505 kcal

1 Den Spinat aus dem Tiefkühlfach nehmen. Zwiebel und Knoblauch schälen und fein würfeln. Den Gorgonzola in kleine Stücke schneiden. Wasser für die Gnocchi aufsetzen und salzen.

2 Das Öl in einem Topf erhitzen, Zwiebel und Knoblauch darin andünsten und den gefrorenen Spinat dazugeben. Unter Rühren dünsten, bis der Spinat aufgetaut ist. Brühe und Sahne angießen und den Gorgonzola dazugeben. Den Käse in der Sauce bei schwacher Hitze unter gelegentlichem Rühren in 5 Min. schmelzen lassen.

3 Inzwischen die Gnocchi ins leicht kochende Salzwasser geben, nach Packungsangabe garen und in ein Sieb abgießen. Die Walnüsse grob hacken. Die Spinatsauce mit Salz, Pfeffer und Chilipulver würzen, mit Zitronensaft abschmecken. Die Gnocchi unterheben und mit Walnüssen bestreut servieren.

PARMESANSCHNITZEL MIT SCHMORTOMATEN

italienisch, aber pronto!

Für 4 Personen:
750 g Kirschtomaten
1 Knoblauchzehe
6 EL Olivenöl
Salz • Pfeffer
4 Kalbsschnitzel (à ca. 150 g)
100 g Sahne • 100 g Mehl • 3 Eier
70 g frisch geriebener Parmesan
2 EL Butter
1/2 Bund Basilikum
1/2 TL Zucker
2 EL Aceto balsamico

Zubereitungszeit: 20 Min.
Pro Portion: ca. 655 kcal

1 Tomaten waschen. Knoblauch schälen und in dünne Scheiben schneiden. 2 EL Öl in einer Pfanne erhitzen, beides dazugeben, salzen und pfeffern. Offen bei mittlerer Hitze 8–10 Min. schmoren, bis die Tomaten leicht aufplatzen, dabei ab und zu umrühren oder die Pfanne kräftig rütteln.

2 Inzwischen die Schnitzel mit dem Handrücken schön flach drücken, salzen und pfeffern. Die Sahne in einem tiefen Teller mit 2 EL Mehl glatt rühren. Eier hineinschlagen und verquirlen, den Parmesan unterrühren, etwas pfeffern. Übriges Mehl in einen zweiten Teller geben.

3 4 EL Öl in einer zweiten beschichteten Pfanne erhitzen, die Butter darin schmelzen lassen. Die Schnitzel erst in Mehl wenden, abklopfen, dann durch die Eier ziehen und zügig in die Pfanne geben. Bei mittlerer Hitze beidseitig in je 2–3 Min. goldbraun braten (dabei nicht zu heiß werden lassen, sonst verbrennt die Hülle).

4 Basilikum waschen, trocken schütteln, Blättchen abzupfen und in Streifen schneiden. Tomaten mit Zucker bestreuen, mit Essig ablöschen, Basilikum unterrühren. Tomaten und Schnitzel auf Teller verteilen, mit Ciabatta oder Bandnudeln servieren.

Auch Fleisch und Fisch können im Nu auf dem Tisch stehen: Schön dünn geschnitten werden sie als Schnitzel oder Backfisch nur kurz in der Pfanne gebraten. Dank knuspriger Panade außen herum bleibt beides saftig und aromatisch.

BACKFISCH MIT BLITZREMOULADE

klassisch, einfach und gut

Für 4 Personen:
je 100 g Mayonnaise und Magerquark
2 EL Senf
3 kleine Gewürzgurken
2 Sardellenfilets (in Salzlake)
2 EL Kapern
2 Frühlingszwiebeln
1 Bund Schnittlauch
Salz • Pfeffer • edelsüßes Paprikapulver
4 festfleischige Fischfilets (à ca. 200 g;
    z. B. Seelachs, Rotbarsch oder Tilapia)
5 EL Mehl
2 Eier
150 g Semmelbrösel
Butterschmalz zum Braten

Zubereitungszeit: 30 Min.
Pro Portion: ca. 620 kcal

1 Für die Remoulade Mayonnaise und Quark mit 1 TL Senf verrühren. Die Gurken klein würfeln. Sardellenfilets kalt abwaschen, trocken tupfen und mit den Kapern fein hacken. Die Frühlingszwiebeln und den Schnittlauch waschen und trocken schütteln. Frühlingszwiebeln mit dem Grün in feine Ringe, den Schnittlauch in Röllchen schneiden. Alles unter die Quark-Mayonnaise heben und mit Salz, Pfeffer und Paprikapulver würzen.

2 Den Fisch kalt abwaschen, trocken tupfen und beidseitig mit dem übrigen Senf bestreichen, salzen und pfeffern. Das Mehl auf einen flachen Teller geben. Die Eier in einem tiefen Teller verquirlen. Semmelbrösel in einen dritten Teller geben. Die Filets

nacheinander erst im Mehl wenden (überschüssiges Mehl vorsichtig abschütteln), dann durch die Eier ziehen und zuletzt in die Brösel drücken.

3 Reichlich Butterschmalz in einer Pfanne erhitzen, den Fisch darin bei mittlerer Hitze pro Seite 4–5 Min. braten, bis er goldgelb und knusprig ist. Mit der Remoulade und eventuell Zitronenspalten zum Beträufeln servieren. Fein dazu: Salz- oder Pellkartoffeln oder Kartoffelsalat.

… und ich mal kein Schnitzel mag, schneide ich das Fleisch in feine Stücke oder Streifen und brate es nur ganz kurz. Dazu gibt's ein richtig leckeres Sößchen. Schön cremig, am besten mit Sahne und für die Kinder etwas mehr davon.

PUTENGESCHNETZELTES IN SENFSAUCE

fast schon ein Sonntagsessen

Für 4 Personen:
500 g Putenschnitzel
3 Schalotten • 3 EL Butterschmalz
Salz • Pfeffer
3 EL Senf (am besten je 1 1/2 EL Dijon- und körniger Senf)
200 g Sahne
400 ml Hühnerfond (oder -brühe)
1 Bund Petersilie
2 EL Sherry (ersatzweise 1 TL frisch gepresster Zitronensaft)
2 Msp. Chilipulver

Zubereitungszeit: 25 Min.
Pro Portion: ca. 385 kcal

1 Putenschnitzel in feine Streifen schneiden. Schalotten schälen und fein würfeln. Butterschmalz in einer beschichteten Pfanne erhitzen, darin das Fleisch rundum hellbraun anbraten, salzen, pfeffern und herausnehmen. Die Schalotten im Bratfett andünsten, den Senf einrühren, Sahne und Fond angießen. Gut verrühren und offen bei mittlerer bis starker Hitze in 5 Min. auf die Hälfte einkochen lassen.

2 Inzwischen die Petersilie waschen, trocken schütteln und fein hacken. Die Sauce mit Sherry oder Zitronensaft, Chilipulver und Salz abschmecken, dann das Fleisch hineingeben und in 1–2 Min. bei mittlerer Hitze heiß werden lassen. Petersilie unterrühren und sofort servieren.

Und was gibt's dazu?
Perfekt sind Spätzle, Gnocchi oder Nudeln aus der Frischetheke, die nur kurz in kochendem Wasser erhitzt werden müssen, außerdem ein grüner Salat.

CURRYHUHN MIT MANGOGEMÜSE

mild • mit exotischem Pfiff

Für 4 Personen:
450 g Hähnchenbrustfilet
1 rote Zwiebel
4 Stangen Staudensellerie
1 rote Paprikaschote
3 EL Sonnenblumenöl
Salz • Pfeffer
1 TL mildes Currypulver
125 ml Hühnerbrühe
1 EL frisch gepresster Limettensaft
150 g Sahne • 1 reife Mango

Zubereitungszeit: 25 Min.
Pro Portion: ca. 355 kcal

1 Das Hähnchenfleisch trocken tupfen und in schmale Streifen schneiden. Die Zwiebel schälen und längs vierteln, die Viertel in schmale Spalten schneiden. Den Sellerie waschen, putzen und schräg in dünne Scheiben schneiden. Die Paprikaschote halbieren, putzen, waschen und in ca. 4 cm große Stücke schneiden.

2 2 EL Öl in einer beschichteten Pfanne erhitzen, darin das Fleisch rundherum hellbraun anbraten. Salzen, pfeffern und herausnehmen. Übriges Öl zum Bratfett in die Pfanne geben und darin Zwiebel, Paprika und Sellerie bei starker Hitze unter Rühren 1–2 Min. andünsten. Currypulver darüberstäuben, Brühe, Limettensaft und Sahne dazugießen, salzen, pfeffern und gut verrühren. Zugedeckt bei mittlerer Hitze 8–10 Min. garen.

3 Inzwischen die Mango schälen, vom Kern schneiden und in mundgerechte Stücke schneiden. Mit dem Fleisch unter das Gemüse mischen und in 2 Min. warm werden lassen. Dazu schmeckt Reis; den noch vor dem Fleisch aufsetzen – dann ist beides gleichzeitig gar.

ZWIEBEL-SPECK-PASTA MIT SALBEI
rustikal · deftig

Für 4 Personen:
Salz
80 g durchwachsener Räucherspeck
(1 dicke Scheibe)
3 Zwiebeln
15 Blätter Salbei
500 g Nudeln (z. B. Penne)
50 g Parmesan am Stück
2 EL Olivenöl
Pfeffer

Zubereitungszeit: 20 Min.
Pro Portion: ca. 675 kcal

1 Salzwasser für die Nudeln zum Kochen bringen. Inzwischen den Speck in feine Streifen schneiden. Die Zwiebeln schälen, halbieren und längs in schmale Streifen schneiden. Den Salbei abreiben.

2 Nudeln ins kochende Salzwasser geben und nach Packungsangabe garen. Währenddessen den Parmesan in grobe Späne hobeln. Das Öl in einer großen Pfanne erhitzen, Salbei hineingeben und bei mittlerer Hitze knusprig braun braten, dann herausfischen. Speck und Zwiebeln ins Bratfett geben und goldbraun andünsten, 4–5 EL Nudelkochwasser unterrühren und vom Herd nehmen. Nudeln abgießen und abtropfen lassen. Dann sofort (am besten in der Pfanne) mit der Speck-Zwiebel-Mischung mischen, Salbei und Parmesan unterheben und mit Pfeffer übermahlen.

Pasta! Aber bitte pronto! Ohne Nudeln geht gar nichts. Und damit es ratzfatz geht, gibt's dazu kalte Saucen à la Pesto oder ganz einfache, die nicht länger brauchen als die Nudeln. Dann nur noch mischen, fertig und »buon appetito«!

PAPRIKAPESTO MIT MANDELN
mal was anderes

Für 4 Personen:
4 EL Mandelstifte
1 Glas gegrillte, in Essig eingelegte Paprikaschoten (ca. 200 g Abtropfgewicht)
50 g Parmesan am Stück
1/2 Knoblauchzehe • 1/2 rote Chilischote
2 EL Olivenöl
Salz • Pfeffer • Zucker
je 4 Stängel Petersilie und Koriandergrün
   (nach Belieben)

Zubereitungszeit: 10 Min.
Pro Portion: ca. 165 kcal

1 Die Mandelstifte in einer Pfanne ohne Fett rösten, bis sie hell bräunen, auf einen Teller geben und abkühlen lassen. Inzwischen die Paprikaschoten in ein Sieb geben, kalt abwaschen, dann gut abtropfen lassen oder trocken tupfen. Parmesan in Stücke schneiden. Knoblauch schälen und grob hacken. Die Chilischote putzen, entkernen und zerschneiden.

2 Paprikaschoten, Parmesan, Knoblauch, Chili und abgekühlte Mandeln in ein hohes Gefäß geben. Das Öl dazugießen und alles mit dem Pürierstab nicht allzu fein pürieren. Mit Salz, Pfeffer und 1–2 Prisen Zucker kräftig würzen. Nach Wunsch die Kräuter waschen, trocken schütteln, fein hacken und sofort unter das Pesto rühren oder später mit dem Pesto unter die heißen Nudeln (ideal sind Spaghetti) rühren.

SAHNIGE THUNFISCHCREME
mild & fein

Für 4 Personen:
1 Dose Thunfisch im eigenen Saft
   (Abtropfgewicht ca. 130 g)
8 Stängel Petersilie
4 Sardellenfilets (in Salzlake)
1 EL Kapern
3 EL Mascarpone
80 g Sahne
Salz • Pfeffer
1 TL frisch gepresster Zitronensaft

Zubereitungszeit: 10 Min.
Pro Portion: ca. 135 kcal

1 Den Thunfisch in ein Sieb geben, abtropfen lassen und mit der Gabel zerpflucken. Die Petersilie waschen, trocken schütteln und mit den Stängeln grob hacken. Das Salz von den Sardellenfilets abschütteln, die Sardellen grob zerschneiden.

2 Alles mit Kapern, Mascarpone und Sahne in ein hohes Rührgefäß geben und mit dem Pürierstab so lange fein pürieren, bis eine dickliche Masse entstanden ist. Mit Salz, Pfeffer und Zitronensaft abschmecken. Die Sauce sofort mit heißen Spaghetti mischen und servieren.

SCHARFE **SHANGHAI-NUDELN**

Resteverwertung auf Asiatisch

Für 4 Personen:
200 g asiatische Eiernudeln
70 g Zuckerschoten
1 rote Paprikaschote • 250 g Chinakohl
4 Frühlingszwiebeln
100 g gekochter Schinken
100 g gegarte Garnelen oder Krabben
2 Eier • 4 EL Sojasauce
50 ml Gemüsebrühe
1–2 TL Chilisauce
1/2 TL Currypulver
Sonnenblumenöl zum Braten

Zubereitungszeit: 30 Min.
Pro Portion: ca. 340 kcal

1 Nudeln nach Packungsangabe garen, in ein Sieb gießen, kalt abspülen und abtropfen lassen. Gemüse waschen und putzen. Zuckerschoten längs in schmale Streifen schneiden. Paprika und Chinakohl in feine Streifen schneiden. Von den Frühlingszwiebeln das Weiße in 3 cm lange Stücke, das Grün in feine Ringe schneiden. Schinken längs halbieren und in schmale Streifen schneiden. Garnelen abtropfen lassen. Eier mit 1 EL Sojasauce nur ganz leicht verquirlen.

2 1 EL Öl im Wok oder in einer Pfanne stark erhitzen. Weiße Zwiebelstücke, Paprika und Zuckerschoten darin bei starker Hitze 2–3 Min. mit 1 EL Sojasauce und 1–2 EL Brühe rührbraten. Gemüse herausnehmen, evtl. etwas Öl nachgießen. Chinakohl mit 1 TL Chilisauce und 1–2 EL Brühe 1–2 Min. braten. Herausnehmen.

3 Den Wok mit Küchenpapier sauber reiben. 3 EL Öl heiß werden lassen. Nudeln darin 1 Min. rührbraten, Schinken, Garnelen, übrige Soja- und Chilisauce sowie Currypulver unterrühren, 1 Min. weiterbraten. Ei über die Nudeln gießen und 1–2 Min. weiterrühren, bis es gestockt ist. Gemüse unterheben, kurz heiß werden lassen. Nudeln mit Zwiebelgrün bestreuen, servieren.

BULGUR-GEMÜSE-PFANNE MIT PARMESAN

Vollwertiges aus einem Topf

Für 4 Personen:
150 g Brokkoli • 1 kleiner Zucchino
1 kleine gelbe Paprikaschote
6 große Champignons • 1 Zwiebel
3 EL Olivenöl • Salz • Pfeffer
150 g Bulgur • 3 EL Tomatenmark
400 ml Gemüsebrühe
1 TL getrocknetes Oregano
1/4 TL Chilipulver
1/2 Bund Basilikum
200 g passierte Tomaten (Tetrapack)
60 g frisch geriebener Parmesan

Zubereitungszeit: 40 Min.
Pro Person: ca. 285 kcal

1 Brokkoli waschen und putzen. Den Stiel vierteln, in ca. 2 cm lange Stifte schneiden, die Röschen klein zerteilen. Zucchino waschen, putzen, längs vierteln und in 1/2 cm breite Scheiben schneiden. Paprika halbieren, putzen, waschen und in 3 cm große Würfel schneiden. Champignons putzen, halbieren und in breite Scheiben schneiden. Zwiebel schälen und fein würfeln.

2 Das Öl in einer großen Pfanne erhitzen, die Zwiebel darin andünsten. Das Gemüse dazugeben und 2 Min. unter Rühren mitdünsten, salzen, pfeffern. Bulgur und Tomatenmark unterrühren, 2 Min. mitdüns-ten. Die Brühe angießen, mit Oregano und Chili würzen, alles gut durchrühren und zugedeckt bei mittlerer Hitze 15 Min. garen.

3 Inzwischen Basilikum waschen und trocken schütteln. Blätter abzupfen und in Streifen schneiden. Die Tomaten unter den Bulgur rühren und bei schwacher Hitze 8–10 Min. weitergaren, dabei 1- bis 2-mal vorsichtig umrühren. Die Bulgurpfanne mit Basilikum bestreuen. Mit Parmesan zum Bestreuen servieren.

KARTOFFEL-GEMÜSE-GRATIN
preiswert · unkompliziert

Für 4 Personen:
700 g vorwiegend festkochende
  Kartoffeln
300 g Knollensellerie • 1 Stange Lauch
4 Zweige Thymian
1 Knoblauchzehe
250 g Sahne • 350 ml Gemüsebrühe
Salz • Pfeffer
frisch geriebene Muskatnuss
150 g Greyerzer Käse
Butter für die Form

Zubereitungszeit: 25 Min.
Backzeit: 1 Std.
Pro Portion: ca. 480 kcal

1 Die Kartoffeln schälen, waschen und in ca. 3 mm dünne Scheiben schneiden. Den Sellerie schälen, putzen und in Scheiben schneiden, ungefähr gleich groß und dick wie die Kartoffeln. Den Lauch putzen, waschen und in 3 mm dünne Ringe schneiden. Thymian waschen, trocken schütteln, Blättchen abzupfen und fein hacken. Den Knoblauch schälen.

2 Den Backofen auf 190° vorheizen. Sahne und Brühe verrühren, den Knoblauch dazupressen, mit Salz, Pfeffer und Muskat würzen. Eine Auflauf- oder Gratinform mit Butter ausfetten, dann abwechselnd Kar-

toffeln, Sellerie und Lauch dachziegelartig einschichten und mit Thymian bestreuen. Sahne darübergießen, den Käse darüber verteilen. Im Ofen (Mitte, Umluft 170°) in 50–60 Min. goldbraun backen. Evtl. gegen Garzeitende mit Pergamentpapier abdecken, damit der Käse nicht verbrennt.

Und was serviere ich dazu?
Einfach einen frischen grünen Blattsalat (super: Feldsalat). Wenn's mal üppig sein darf: Das Gratin passt auch zu kurz gebratenem Fleisch wie Steak, Schnitzel natur oder Kotelett.

Clevere Kochmuffel schwören auf Ofengerichte. Klar, ein wenig Arbeit macht die Vorbereitung schon. Aber wenn alles erst mal im Ofen bäckt, brutzelt und schmurgelt, darf man sich entspannt zurücklehnen.

WIRSINGEINTOPF MIT LAMMFLEISCH
wunderbares Ein-Topf-Gericht

Für 6 Personen:
1 kleiner Wirsing (ca. 700 g)
2 große Möhren
1/2 kleiner Knollensellerie
1 Stange Lauch
3 große vorwiegend festkochende
   Kartoffeln
750 g Lammkeule (ohne Knochen)
2 große Zwiebeln
2 1/2 EL Sonnenblumenöl
Salz • Pfeffer
1 TL Kümmel
1 1/2 l Rinderbrühe (s. S. 87)

Zubereitungszeit: 45 Min.
Garzeit: 1 Std. 30 Min.
Pro Portion: ca. 420 kcal

1 Den Wirsing vierteln, die äußeren dicken Blätter ablösen und den Strunk herausschneiden. Wirsing waschen und die Blätter in große Stücke, den inneren Teil in Achtel- oder Sechzehntelspalten schneiden. Möhren und Sellerie schälen und putzen. Sellerie 1 cm groß würfeln, Möhren in dicke Scheiben schneiden. Den Lauch putzen, waschen, das Weiße in dicke Ringe, das Grüne fein schneiden. Kartoffeln schälen, waschen und 2 cm groß würfeln.

2 Fett und Sehnen vom Lammfleisch wegschneiden, das Fleisch in ca. 2 cm große Stücke schneiden. Zwiebeln schälen und fein würfeln. 2 EL Öl in einem großen ofenfesten Topf oder Bräter erhitzen, das Fleisch darin rundum anbraten, salzen und pfeffern, dann herausnehmen. Übriges Öl

dazugeben und Zwiebeln und das Lauchgrün darin hellbraun andünsten. Herausnehmen und mit Fleisch, Kartoffeln, Möhren, Lauch und Sellerie mischen.

3 Den Backofen auf 175° vorheizen. Die Hälfte der Wirsingblätter in den Topf schichten. Ein Drittel vom Kümmel darüberstreuen, die Hälfte Fleisch-Gemüse-Mischung darauf verteilen. Alles leicht salzen und pfeffern, darüber wieder Wirsingblätter und Gemüsemischung schichten, ebenfalls mit Salz, Pfeffer und Kümmel würzen. Mit den Wirsingspalten abschließen und würzen. Brühe darübergießen, Topfdeckel auflegen und den Eintopf im Ofen (unten, Umluft 160°) 1 Std. 30 Min. garen. Evtl. 1- bis 2-mal die obere Wirsingschicht mit etwas Brühe übergießen.

FISCHFILETS MIT LIMETTEN-KRÄUTER-KRUSTE

superschnell · trotzdem raffiniert

Für 4 Personen:
75 g Butter
1 Bio-Limette
4 Scheiben Seelachsfilet (à ca. 180 g)
Salz · Pfeffer
3 Scheiben Toastbrot
je 1 Bund Petersilie und Koriander-
    grün
1 kleine Knoblauchzehe
3 EL gehackte Mandeln
1/3 TL gemahlener Kreuzkümmel
1/3 TL edelsüßes Paprikapulver

Zubereitungszeit: 25 Min.
Pro Portion: ca. 375 kcal

1 Den Backofen auf 200° vorheizen. Eine ofenfeste Form mit wenig Butter ausstreichen. Die Limette heiß abwaschen, abtrocknen, die Schale abreiben und den Saft auspressen. Die Fischfilets kalt abspülen, trocken tupfen, jedes mit ca. 1 TL Limettensaft einreiben, salzen und pfeffern.

2 Das Toastbrot grob zerschneiden. Die Kräuter waschen, gut trocken schütteln und grob hacken. Den Knoblauch schälen und grob hacken. Alles mit dem Blitzhacker oder dem Pürierstab fein zerkleinern. Limettenschale, Mandeln und übrige Butter in Flöckchen dazugeben. Gut mischen, bis eine leicht bröselige Masse entstanden ist, mit Salz, Pfeffer, Kreuzkümmel und Paprikapulver würzen.

3 Die Fischfilets in eine ofenfeste Form legen. Die Bröselmasse gleichmäßig darauf verteilen und leicht andrücken. Filets im Ofen (Mitte, Umluft 180°) 15 Min. garen, bis die Kruste schön gebräunt ist.

OFENKARTOFFELN MIT PIZZA-FÜLLUNG

einfach · schmeckt immer

Für 4 Personen:
4 mehligkochende Kartoffeln
    (à ca. 250 g)
1 Fleischtomate
2 Stängel Basilikum
1 Knoblauchzehe
2 EL Olivenöl
1/2 TL getrockneter Oregano
250 g Mozzarella
Salz · Pfeffer

Zubereitungszeit: 15 Min.
Garzeit: 1 Std. 30 Min.
Pro Portion: ca. 225 kcal

1 Den Backofen auf 220° vorheizen. Die Kartoffeln gründlich mit kaltem Wasser waschen und abbürsten, abtrocknen und mehrmals rundherum mit einer Gabel einstechen. Einzeln in Alufolie wickeln. Auf den Backrost legen und im Ofen (Mitte, Umluft 200°) 1 Std. 15 Min. garen.

2 Inzwischen die Tomate waschen und klein würfeln, dabei den Stielansatz entfernen. Basilikum waschen und in Streifen schneiden. Knoblauch schälen und zum Öl pressen, Oregano unterrühren. Den Mozzarella gut trocken tupfen und klein würfeln.

3 Die Kartoffeln aus dem Ofen nehmen und kurz abkühlen lassen (den Ofen nicht ausschalten). Auswickeln, längs einschneiden und leicht auseinanderbrechen. Mit einem Teelöffel gut ein Drittel vom Kartoffelinneren herauslösen und mit einer Gabel grob zerdrücken. Mit Tomate und Mozzarella, Basilikum und dem Würzöl mischen, salzen und pfeffern. Die Masse in die Kartoffeln füllen. Kartoffeln auf ein Backblech setzen und nochmals im Ofen 10–15 Min. überbacken. Sehr gut passt ein frischer grüner Salat dazu.

Weder die Katze im Sack noch ein falscher Hase: Bei diesem Rezept gibt's einen
garantiert toll gewürzten Braten zum Spartarif. Er fällt etwas größer aus, damit sich
alle satt essen können und noch etwas übrig bleibt: Zum Kaltessen aufs Brot.

HACKBRATEN MIT PAPRIKASAUCE
auch partytauglich

Für 8 Personen:
Für den Hackbraten:
2 altbackene Brötchen (vom Vortag)
2 große Zwiebeln
1 Knoblauchzehe
4 EL Olivenöl
1 1/2 Bund Petersilie
1 Glas gegrillte, in Essig eingelegte
  Paprikaschoten (ca. 200 g Abtropf-
  gewicht)
2 Eier • Salz • Pfeffer
2 TL edelsüßes Paprikapulver
2 TL getrockneter Oregano
1 kg gemischtes Hackfleisch
Für die Sauce:
1 Zwiebel
1 Knoblauchzehe
4 rote Paprikaschoten
2 EL Olivenöl
50 ml Weißwein (nach Belieben)
1 Dose stückige Tomaten (400 g)
Salz • Pfeffer • Zucker
3–4 Msp. Chilipulver
1/2 Bund Petersilie

Zubereitungszeit: 45 Min.
Ruhezeit: 30 Min.
Garzeit: 1 Std.
Pro Portion: ca. 480 kcal

1 Für den Braten die Brötchen in lauwarmem Wasser einweichen. Zwiebeln und Knoblauch schälen und klein würfeln. 2 EL Öl in einem Topf erhitzen, Zwiebeln und Knoblauch darin andünsten, vom Herd nehmen und abkühlen lassen.

2 Inzwischen die Petersilie waschen, trocken schütteln und fein hacken. Die Paprikaschoten abgießen, gut trocken tupfen und in knapp 1 cm große Stücke schneiden. Die Brötchen gut ausdrücken, klein zupfen und mit den Eiern, den leicht abgekühlten Zwiebeln und der Petersilie zum Hackfleisch geben. Mit Salz, Pfeffer, Paprikapulver und Oregano kräftig würzen, dann alles mit den Händen zu einer glatten Masse vermengen, Paprika unterheben. Aus der Hackmasse einen Laib formen, auf eine Platte legen und 30 Min. kalt stellen.

3 Inzwischen ein Backblech mit übrigem Öl einstreichen und in den Ofen stellen. Den Backofen mit dem Blech auf 180° vorheizen. Den Hackbraten auf das heiße Blech geben und im Ofen (unten, Umluft 160°) 1 Std. garen. Anschließend den Braten aus dem Ofen nehmen, 5 Min. stehen lassen und dann in Scheiben aufschneiden.

4 Während der Braten im Ofen gart, für die Sauce Zwiebel und Knoblauch schälen und fein würfeln. Paprikaschoten halbieren, putzen, waschen und ca. 3 cm groß würfeln. Das Öl in einem Topf erhitzen, Zwiebel und Knoblauch darin andünsten. Die Paprika dazugeben und 2–3 Min. unter Rühren mitdünsten. Nach Belieben den Wein, anschließend die Tomaten dazugießen.

5 Alles zugedeckt bei mittlerer Hitze 20–25 Min. kochen, bis die Paprika gar sind. Mit Salz, Pfeffer, Zucker und Chilipulver würzen, anschließend mit dem Pürierstab pürieren. Die Petersilie waschen, trocken schütteln, fein hacken und unterrühren. Die Sauce warm oder lauwarm zum Hackbraten servieren.

GESCHNETZELTES MIT ROTER BETE

schnell und unkompliziert

Für 4 Personen:
500 g Nackenschnitzel vom Schwein
1 große Zwiebel
400 g vorgegarte Rote Beten (vakuum-
    verpackt)
3 EL Sonnenblumenöl
Salz · Pfeffer
100 ml Fleischbrühe
50 ml Weißwein (nach Belieben;
    ersatzweise Brühe)
1 Bund Dill
150 g Crème fraîche
2 EL Meerrettich (aus dem Glas)

Zubereitungszeit: 30 Min.
Pro Portion: ca. 385 kcal

1 Das Fleisch in breite Streifen schneiden. Die Zwiebel schälen und fein würfeln. Die Roten Beten in ca. 1 cm große Würfel schneiden. Das Öl in einer Pfanne erhitzen, das Fleisch darin rundherum anbraten, salzen, pfeffern und herausnehmen.

2 Die Zwiebelwürfel im Bratfett andünsten, dann Rote Beten, Brühe und nach Belieben Wein dazugeben und offen bei mittlerer Hitze in 5 Min. etwas einkochen lassen. Inzwischen den Dill waschen, trocken schütteln und fein hacken. Mit Crème fraîche und Meerrettich verrühren.

3 Das Fleisch zurück in die Pfanne geben und die Meerrettichcreme einrühren. Alles richtig heiß werden lassen und nochmal mit Salz und Pfeffer abschmecken. Dazu schlicht und einfach Salzkartoffeln reichen.

LEBER IN BALSAMICO-RUCOLA-SAUCE

sehr kräftig · aromatisch

Für 4 Personen:
600 g Rinder- oder Kalbsleber
2 kleine rote Zwiebeln
1/4 l Rinderbrühe (s. S. 87)
2 EL Butter
Salz · Pfeffer · 1/2 TL Mehl
3 EL Aceto balsamico
1 kleines Bund Rucola
1–2 EL saure Sahne

Zubereitungszeit: 20 Min.
Pro Portion: ca. 255 kcal

1 Die Leber trocken tupfen, Sehnen und Häutchen wegschneiden, dann das Fleisch in schmale Streifen schneiden. Die Zwiebeln schälen, längs halbieren und längs in schmale Streifen schneiden. Die Brühe in einem Topf erhitzen.

2 Die Butter in einer Pfanne erhitzen, die Zwiebeln darin andünsten. Die Hälfte mit einer Gabel herausfischen. Die Leber zu den Zwiebeln in der Pfanne geben und in 1–2 Min. rundherum anbraten. Salzen,

pfeffern und das Mehl darüberstäuben. Alles verrühren, die heiße Brühe und den Essig angießen und zugedeckt bei schwacher Hitze 5 Min. köcheln.

3 Inzwischen den Rucola waschen, trocken schütteln, grobe Stiele wegschneiden und die Blättchen fein hacken. Mit den beiseitegestellten Zwiebeln, der sauren Sahne und der Sauce mischen. Alles kurz erwärmen, dann servieren.

GULASCH SZEGEDINER ART MIT SAUERKRAUT

deftig-würzig · perfektes Wintergericht

Für 4–6 Personen:
700 g Rindergulasch (Schulter oder
  Wade)
je 1 rote und grüne Paprikaschote
4 Zwiebeln · 2 Knoblauchzehen
5 EL Öl · 2 EL Tomatenmark
500 g Sauerkraut · Salz · Pfeffer
1 1/2 TL edelsüßes Paprikapulver
300 ml Rinderbrühe (s. S. 87)
80 g Sahne
2–3 EL Weißwein (nach Belieben)

Zubereitungszeit: 25 Min.
Garzeit: 1 Std. 30 Min.
Pro Portion (bei 6): ca. 320 kcal

1 Das Rindfleisch in 3 cm große Würfel schneiden, dabei Fett und Sehnen möglichst entfernen. Die Paprikaschoten halbieren, putzen, waschen und in 2 cm große Würfel schneiden. Die Zwiebeln und den Knoblauch schälen und würfeln.

2 In einem großen Topf 3 EL Öl erhitzen das Fleisch darin rundherum braun anbraten, dann herausnehmen. 2 EL Öl zum Bratensatz geben, darin Zwiebeln und Knoblauch bei schwacher Hitze 5–8 Min. andünsten. Paprikawürfel, Fleisch und Tomatenmark dazugeben, bei starker Hitze 3 Min. unter Rühren anschmoren. Sauer-

kraut abtropfen lassen, dazugeben, mit Salz, Pfeffer und Paprikapulver würzen und die Brühe unterrühren. Bei schwacher Hitze zugedeckt 1 Std. 15 Min. schmoren lassen.

3 Die Sahne und nach Belieben den Wein unter das Gulasch rühren und 15 Min. weiterschmoren lassen. Nochmals mit Salz und Pfeffer abschmecken und unbedingt mit Kartoffelpüree als Beilage servieren!

RATATOUILLE-TOPF MIT FLEISCHKLÖSSCHEN
feines Sommergericht · unkompliziert

Zutaten für 4 Personen:
1/2 Bund Thymian
1 Bund Petersilie · 1 EL Kapern
4 EL Semmelbrösel
2 Msp. Chilipulver
600 g Kalbsbrät (oder ungebrühte
* Kalbsbratwürste)*
1 Aubergine
2 kleine Zucchini
je 1 rote und grüne Paprikaschote
2 Zwiebeln · 1 Knoblauchzehe
5 EL Olivenöl
Salz · Pfeffer
1 Dose stückige Tomaten (400 g)

Zubereitungszeit: 40 Min.
Garzeit: 30 Min.
Pro Portion: ca. 615 kcal

1 Thymian und Petersilie waschen und trocken schütteln. Vom Thymian die Blättchen abzupfen und fein hacken, die Hälfte der Petersilie und die Kapern ebenfalls fein hacken. Beides mit Semmelbröseln, Chilipulver und der Hälfte vom Thymian gründlich unter das Kalbsbrät mengen (Würste dazu vorher aus der Pelle drücken). Aus der Masse mit angefeuchteten Händen ca. 20 Klößchen formen.

2 Das Gemüse waschen und putzen. Die Aubergine in 2 cm große Würfel schneiden. Zucchini längs halbieren und in 1 cm dicke Scheiben schneiden. Die Paprikaschoten in 4 cm große Stücke schneiden. Die Zwiebeln und den Knoblauch schälen und getrennt fein würfeln.

3 Den Backofen auf 200° vorheizen. In einem Bräter 3 EL Olivenöl erhitzen, Zucchini und Aubergine darin anbraten, die Hälfte vom Knoblauch dazugeben und kurz mitbraten. Alles salzen, pfeffern und herausnehmen. Übriges Öl erhitzen, die Zwiebeln darin andünsten, restlichen Knoblauch, übrigen Thymian und Paprika dazugeben, kurz anbraten, dann Tomaten, Aubergine und Zucchini dazugeben. Salzen und pfeffern. Die Klößchen in das Ratatouille einlegen. Den Bräter zudecken und alles im Ofen (Mitte, Umluft 160°) 30 Min. garen. Die übrige Petersilie kurz vor Garzeitende hacken, das Ratatouille damit bestreuen und mit Baguette servieren.

41

Ein Topf – ein Wort. Egal, zu welcher Jahreszeit; so ein Gemüseeintopf hält, was er verspricht. Hinein kommt alles, was der Markt gerade preiswert bietet, und selbst beim Kochgeschirr wird noch gespart. Und weil das Gemüseangebot oft wechselt, schmeckt er immer wieder anders. Darum: austauschen erwünscht!

EINTOPF MIT HERBSTGEMÜSE

macht warm ums Herz

Für 4 Personen:
400 g festkochende Kartoffeln
500 g Steckrüben
150 g kleine Pastinaken
2 Möhren
500 g Rosenkohl
1 Stange Lauch
1 große Zwiebel
1 Knoblauchzehe
150 g durchwachsener Räucherspeck
2 EL Olivenöl
3/4 l Gemüsebrühe (oder -fond)
1 Lorbeerblatt
5 Stängel Thymian
Salz • Pfeffer

Zubereitungszeit: 30 Min.
Garzeit: 25 Min.
Pro Portion: ca. 465 kcal

1 Kartoffeln und Steckrüben schälen, waschen und in 1 cm große Würfel schneiden. Pastinaken und Möhren schälen und in 1/2 cm breite Scheiben schneiden. Rosenkohl waschen, putzen und halbieren. Die Lauchstange putzen, längs halbieren, waschen und in feine Ringe schneiden. Zwiebel und Knoblauch schälen und fein würfeln. Vom Speck, falls nötig, die Schwarte wegschneiden, anschließend den Speck fein würfeln.

2 Das Öl in einem großen Topf erhitzen, Speck und Zwiebel darin anbraten. Knoblauch und Lauch dazugeben und kurz mitbraten. Brühe oder Fond angießen, übriges Gemüse, Lorbeerblatt und Thymian dazugeben, salzen und pfeffern. Zugedeckt bei mittlerer Hitze in 20–25 Min. garen.

Was serviere ich dazu?

Nuss-Käse-Croûtons: 150 g Greyerzer Käse fein reiben. Mit 4 EL Haselnussblättchen und 1 TL gehacktem frischem Thymian mischen. Auf 8 Scheiben Baguettebrot verteilen und im heißen Ofen bei 180° (Mitte, Umluft 160°) in 8 Min. goldbraun überbacken. Zum Servieren Eintopf auf Teller verteilen und je 2 Croûtons daraufsetzen.

Wer's ganz einfach will

Als Einlage eignen sich auch würzige Räucherwürstchen oder ein Klecks saure Sahne, evtl. mit etwas Chilipulver gewürzt.

Die Sommervariante

2 kleine Zucchini, 1 Kohlrabi und 250 g grüne Bohnen waschen und putzen, Kohlrabi schälen. Zucchini und Kohlrabi in 1 1/2 cm große Würfel, die Bohnen in 3 cm lange Stücke schneiden. 2 klein gewürfelte Zwiebeln und 1 gehackte Knoblauchzehe in 4 EL Olivenöl anbraten, das Gemüse 1 Min. mitbraten. Dann 400 g stückige Tomaten (aus der Dose) und 3/4 l Gemüsebrühe mit 1 Lorbeerblatt und 1 EL frischem, gehacktem Thymian dazugeben. Zugedeckt bei mittlerer Hitze 20–25 Min. kochen lassen. Kurz vor Garzeitende 1 Dose weiße Bohnen (ca. 250 g Abtropfgewicht) abgießen und die Bohnen unterrühren. Mit Salz, Pfeffer und Chilipulver würzen. Mit frisch gehacktem Basilikum und evtl. etwas geriebenem Parmesan bestreuen und mit Ciabatta oder Baguette servieren.

ORIENTALISCHER **MÖHREN-REIS-TOPF**

schmeckt 1000- und einmalig gut

Für 4 Personen:
300 g Reis
4 dicke Möhren
2 Zwiebeln • 2 Knoblauchzehen
2 EL Olivenöl
300 g Rinderhackfleisch
1/2 TL Kurkumapulver
1/4 TL Chilipulver
1 TL gemahlener Kreuzkümmel
3/4 TL Garam Masala • Salz
2 EL Tomatenmark
3 EL Butter • 3 EL Mandelsplitter
3 EL Rosinen

Zubereitungszeit: 50 Min.
Garzeit: 50 Min.
Pro Portion: ca. 620 kcal

1 Den Reis in einem Sieb kalt abbrausen und abtropfen lassen. Möhren schälen, putzen und in 5 cm lange Stücke schneiden. Diese längs in dünne Scheiben, dann in dünne Stifte schneiden (dazu die Scheiben aufeinanderlegen). Zwiebeln und Knoblauch schälen und fein würfeln.

2 Reichlich Wasser in einem großen Topf zum Kochen bringen, den Reis darin bei mittlerer Hitze 8 Min. sprudelnd kochen. In ein Sieb gießen und abtropfen lassen. Inzwischen Olivenöl in einer Pfanne erhitzen, Zwiebeln und Knoblauch darin anbraten. Hackfleisch dazugeben, mit Gewürzen und Salz würzen und bei mittlerer Hitze unter Rühren krümelig braun braten. Toma-tenmark und 2–3 EL Wasser unterrühren, 2 Min. rührbraten. Das Fleisch herausnehmen. Butter in der Pfanne zerlassen, Mandelsplitter darin hellbraun rösten. Rosinen und Möhren dazugeben und unter Rühren 3 Min. braten. Den Reis-Topf salzen und vom Herd nehmen.

3 80 ml Wasser in den Reistopf geben und die Hälfte Reis einfüllen. Darauf Hackfleisch, Möhren und die zweite Hälfte Reis schichten. Ein sauberes Handtuch um den Topfdeckel schlagen und den Deckel fest auflegen, damit kein Dampf entweicht. So den Reis bei ganz schwacher Hitze zugedeckt in 40 Min. garen.

ROSMARINRISOTTO MIT KÜRBIS

feines Herbstessen • vegetarisch

Für 4 Personen:
1 kg Kürbis (z. B. Muskatkürbis)
2 Knoblauchzehen
4 Stängel Rosmarin
1 getrocknete Chilischote
4 EL Olivenöl • Salz • Pfeffer
frisch geriebene Muskatnuss
3/4 l Gemüsebrühe
1 Zwiebel • 2 EL Butter
250 g Risottoreis
150 ml Weißwein (oder Brühe mit
  1 TL Zitronensaft)
50 g frisch geriebener Parmesan

Zubereitungszeit: 35 Min.
Pro Portion: ca. 475 kcal

1 Den Backofen auf 200° vorheizen. Kürbis schälen, von Kernen und Fasern befreien, waschen und in 1 1/2 cm große Würfel schneiden. Knoblauch schälen und in Scheiben schneiden. Rosmarin waschen, trocken schütteln, Nadeln abzupfen und hacken. Die Chilischote zerbröseln. Kürbiswürfel, ein Drittel Rosmarin, Knoblauch, Chili und Öl in einer ofenfesten Form mischen, mit Salz, Pfeffer und Muskat würzen und im Ofen (Mitte, Umluft 180°) 20 Min. garen (evtl. warmhalten, bis das Risotto fertig ist).

2 Inzwischen die Brühe erhitzen. Die Zwiebel schälen und fein würfeln. Die Butter in einem großen Topf schmelzen, Zwiebel und übrigen Rosmarin darin bei schwacher Hitze anbraten. Reis kurz mitbraten, Wein dazugießen und 1–2 Min. kochen lassen. Etwas heiße Brühe angießen und offen bei mittlerer Hitze einkochen lassen. Wieder Brühe dazugeben, einkochen lassen und den Reis so in 20 Min. garen. Gelegentlich umrühren. Der Reis sollte cremig, aber noch bissfest sein.

3 25 g Parmesan unter das Risotto rühren und mit Salz und Pfeffer abschmecken. Den Kürbis auf dem Risotto verteilen, mit übrigem Parmesan bestreuen und großzügig mit Pfeffer übermahlen.

*Zuckersüß, aber nicht teuer – deshalb standen bei unseren Großmüttern Satt-
macher wie Milchreis, Grießbrei, Pfannkuchen und Co. häufig einmal pro Woche
auf dem Tisch. Recht hatten sie! Vor allem, weil es einfach allen schmeckt.*

GRIESSSCHNITTEN MIT KIRSCHEN
nicht nur für Kinder

Für 4–6 Portionen:

Für die Grießschnitten:

1 l Milch • Salz
3 EL Zucker
2 EL Butter
1/2 TL gemahlener Kardamom
2 Msp. abgeriebene Bio-Orangenschale
250 g Weizengrieß (Hart- oder Weich-
    weizen)
3 Eier
Butterschmalz zum Braten

Für die Kirschen:

1 Glas Sauerkirschen (ca. 720 g Füll-
    gewicht)
1 EL Speisestärke
1/2 Vanilleschote
1 Zimtstange
3 EL Kirschwasser oder -likör (nach
    Belieben)
2–3 EL Zucker

Zubereitungszeit: 40 Min.
Pro Portion: ca. 455 kcal

1 Die Milch mit 1 Prise Salz, Zucker, Butter, Kardamom und Orangenschale aufkochen. Den Grieß unter Rühren einrieseln lassen. Bei schwacher Hitze 2–3 Min. kochen, bis die Masse breiig fest ist. Den Grieß vom Herd nehmen und nacheinander die Eier gründlich unterrühren.

2 Ein großes Küchenbrett oder Blech mit kaltem Wasser abspülen und die Grieß-masse ca. 1 cm dick daraufstreichen. Völlig abkühlen lassen.

3 Inzwischen die Kirschen in ein Sieb abgießen, dabei den Saft auffangen. Stärke mit 4 EL Kirschsaft glatt rühren. Die Vanille-schote aufschlitzen, das Mark herauskrat-zen. Mark und -schote mit der Zimtstange und dem übrigen Kirschsaft in einem Topf aufkochen. Die Stärke einrühren und unter Rühren 1 Min. kochen lassen. Die Hitze reduzieren, Kirschen und nach Belieben Kirschwasser oder Likör in den Saft geben. Heiß werden lassen, mit Zucker nach Geschmack süßen und vom Herd nehmen.

4 Die Grießmasse in Stücke schneiden. Butterschmalz in einer beschichteten Pfanne erhitzen, die Schnitten darin porti-onsweise bei mittlerer Hitze beidseitig goldbraun braten, fertige im Ofen bei 60° warm halten. Die fertigen Schnitten mit kal-ten oder lauwarmen Kirschen servieren.

Und wenn ich's lieber herz-haft mag?

Grießbrei wie oben, aber ohne Zucker, Kar-damom und Orangenschale zubereiten. Mit den Eiern 1/2 Bund fein gehackte Petersilie und 100 g klein gewürfelte, in Öl eingelegte Tomaten, Salz, Pfeffer und etwas geriebene Muskatnuss unterrühren. Abkühlen lassen, in Stücke schneiden und in eine gefettete Auflaufform legen. Mit 150 g geriebenem Allgäuer Emmentaler bestreuen und im hei-ßen Ofen bei 180° (Mitte, Umluft 160°) 15–20 Min. überbacken.

Geht auch nur Grießbrei?

Dann einfach die doppelte Menge Milch nehmen – perfekt mit Zimt-Zucker bestreut!

*Was italienische Mamas schon immer wussten, macht Schule, und alle am Tisch
glücklich: Eine Form mit duftender Lasagne – einfach grandios. Die kostet nicht alle
Welt und lässt sich auch mal aufwärmen – falls was übrig bleibt ...*

LASAGNE MIT PILZEN UND HACKFLEISCH
für die ganze Familie

Für 6 Personen:
1 dicke Möhre
2 Stangen Staudensellerie
2 Zwiebeln
2 Knoblauchzehen
50 g geräucherter Speck
3 EL Olivenöl
350 g Rinderhackfleisch
Salz • Pfeffer
1 TL getrockneter Oregano
50 ml Rotwein (nach Belieben)
2 Dosen stückige Tomaten (à 400 g)
1/3 TL Zucker
500 g braune Champignons
1 Stängel Rosmarin
12 Lasagneblätter
120 g Allgäuer Emmentaler

Zubereitungszeit: 35 Min.
Garzeit: 45 Min.
Pro Portion: ca. 460 kcal

1 Möhre schälen, Sellerie putzen und beides in ca. 3 mm große Würfel schneiden. Die Zwiebeln und den Knoblauch schälen und getrennt fein würfeln. Den Speck ebenfalls fein würfeln.

2 In einer beschichteten Pfanne 1 EL Olivenöl erhitzen, Zwiebeln und Speck darin anbraten, bis der Speck leicht bräunt. Etwa zwei Drittel vom Knoblauch kurz mitbraten, dann das Hackfleisch dazugeben. Mit einem Holzlöffel gut untermischen und fortwährend zerteilen, bis alles Hackfleisch krümelig und angebraten ist. Mit Salz, Pfeffer und Oregano würzen. Nach Belieben mit Rotwein ablöschen. Sobald der Rotwein verkocht ist, die Tomaten dazugeben. Gut verrühren und offen bei mittlerer Hitze 20 Min. köcheln lassen. Mit Salz, Pfeffer und Zucker abschmecken.

3 Inzwischen den Backofen auf 180° vorheizen. Die Pilze sauber abreiben, putzen und in dicke Scheiben schneiden. Rosmarin waschen, trocken schütteln, die Nadeln abzupfen und fein hacken. Das übrige Öl in einer Pfanne erhitzen, den restlichen Knoblauch darin andünsten. Rosmarin und Champignons dazugeben und unter Rühren 5 Min. andünsten, salzen und pfeffern. Anschließend unter die Fleischsauce mischen.

4 In einer Auflaufform 3 Lasagneblätter nebeneinander legen, darauf ein Viertel der Fleischsauce verteilen. Darüber im Wechsel die übrigen Lasagneblätter und die Sauce schichten, mit Sauce enden. Ein Backpapier auf die Form legen und die Lasagne im Ofen (Mitte, Umluft 160°) 20 Min. garen. Den Käse fein reiben. Die Lasagne damit bestreuen und in weiteren 20–25 Min. goldbraun überbacken.

PELL**KARTOFFELN**

supereinfach

Für 4 Personen:
1 1/2 kg möglichst kleine neue Kartoffeln
oder 1 1/2 kg mehligkochende
Kartoffeln
Salz
1/2 TL Kümmel

Zubereitungszeit: 30 Min.
Pro Portion: ca. 165 kcal

1 Die Kartoffeln waschen und gründlich abbürsten. In einen Topf geben und gerade mit Wasser bedecken. Das Wasser bei mittlerer Hitze zum Kochen bringen, salzen und Kümmel zugeben. Junge Kartoffeln knapp 20 Min., ältere je nach Größe bis zu 5 Min. länger garen. Das Wasser abgießen, Kartoffeln kurz ausdampfen lassen, dann sofort servieren. Die jungen lassen sich gut auch mit der dünnen Schale essen.

Und was gibt's dazu?

Einfach ein Flöckchen Butter, grobes Meersalz und frisch gemahlenen Pfeffer. Außer den Dips rechts passen auch noch der Heringssalat mit Roter Bete (s. S. 19), die Remoulade (s. S. 25), der Erbsen-Radieschen-Dip (s. S. 153) oder die Eier auf grünem Frischkäse (s. S. 63).

Keine Arme-Leute-Küche, sondern schlicht, einfach und trotzdem eine Delikatesse: dampfend heiße Pellkartoffeln – da braucht es kaum mehr als ein Stückchen Butter. Oder noch besser: gleich ein paar verschiedene Dips zum Stippen.

TOMATEN-EIER-VINAIGRETTE

frühlingsfrisch

Für 6 Personen:
2 Eier
3 Fleischtomaten
5 Frühlingszwiebeln
je 1 Bund Petersilie und Schnittlauch
3 EL Dijon-Senf
1 EL Honig
6 EL Rotweinessig
1 Knoblauchzehe
Salz • Pfeffer
8 EL Olivenöl

Zubereitungszeit: 30 Min.
Pro Portion: ca. 180 kcal

1 Die Eier in ca. 10 Min. hart kochen, abschrecken und pellen. Inzwischen die Tomaten kreuzweise einritzen und mit kochendem Wasser übergießen. Die Haut abziehen, Tomaten halbieren, Kerne herauskratzen, dann das Fruchtfleisch fein würfeln. Zwiebeln waschen, putzen und mit dem Grün in feine Ringe schneiden. Die Kräuter waschen und trocken schütteln. Petersilie fein hacken, Schnittlauch in Röllchen schneiden.

2 Die Eier halbieren. Eigelbe herauslösen und mit einer Gabel gut zerdrücken. Senf, Honig und Essig dazugeben. Knoblauch schälen und dazupressen, alles gut verrühren. Mit Salz und Pfeffer würzen, dann das Öl kräftig unterschlagen. Das Eiweiß fein hacken. Tomaten- und Eiweißwürfel, Kräuter und Zwiebelringe unter die Vinaigrette rühren. Abschmecken, evtl. noch 10 Min. ziehen lassen, dann schmeckt sie noch besser. Zu den Kartoffeln reichen oder drübergießen.

Wozu kann ich sie noch essen?

Die säuerliche, kräuterfrische Sauce passt auch gut als Dip zu Artischocken oder zu wachsweich gekochten Eiern.

KRESSEQUARK MIT BERGKÄSE

wie Frühling in den Alpen

Für 6 Personen:
150 g junger Bergkäse
3/4 TL Kümmel • 1 Schalotte
250 Magerquark
250 g Sahnequark
3-4 EL kohlensäurehaltiges Mineralwasser (nach Bedarf)
Salz • Pfeffer
edelsüßes Paprikapulver
2 Beete Kresse

Zubereitungszeit: 15 Min.
Pro Portion: ca. 200 kcal

1 Den Käse entrinden und fein reiben. Den Kümmel mit einem großen, schweren Messer grob hacken. Schalotte schälen und fein würfeln. Beide Quarksorten miteinander verrühren, evtl. mit etwas Mineralwasser glatt rühren.

2 Käse, Kümmel und Schalotte unter den Quark rühren, mit Salz, Pfeffer und Paprikapulver würzen. Die Kresse waschen, trocken schütteln, vom Beet schneiden und vorsichtig unter den Quark heben.

Nicht pappsatt, sondern einfach wohlig, warm und satt fühlt man sich nach einem Teller guter Kartoffelsuppe. Mit dem Gerücht, dass Kartoffeln dick machen, wurde ja zum Glück inzwischen aufgeräumt. Also sorgen wir mit ein paar Zutaten obendrauf für leckere Kalorien extra ...

KARTOFFELSUPPE MIT VIEL EXTRA
da kommt jeder auf seine Kosten

Für 6–8 Personen:
1,2 kg mehligkochende Kartoffeln
600 g Suppengrün
1 Zwiebel
2 EL Butter
1 TL getrockneter Majoran
1 1/2 l Hühner- oder Gemüsebrühe
250 g Sahne
Salz • Pfeffer
frisch geriebene Muskatnuss

Zubereitungszeit: 45 Min.
Pro Portion (bei 8): ca. 250 kcal

Extras für die Suppe: bodenständig (unten links), nordisch (oben links) und vegetarisch (oben rechts)

1 Die Kartoffeln schälen, waschen und grob würfeln. Das Suppengrün waschen, putzen und in Stücke schneiden. Die Zwiebel schälen und würfeln. Die Butter in einem großen Suppentopf zerlassen, die Zwiebel darin glasig dünsten. Suppengrün dazugeben und unter Rühren 3–4 Min. dünsten. Kartoffeln und Majoran dazugeben und mit Brühe aufgießen. Zugedeckt bei mittlerer Hitze 20–25 Min. kochen.

2 Wer will, nimmt etwas Gemüse ab und püriert die Suppe anschließend. Wer eine glatte Cremesuppe möchte, püriert alles. Sahne in die Suppe rühren (evtl. Gemüsestücke wieder in den Topf geben) und bei mittlerer Hitze aufkochen lassen. Mit Salz, Pfeffer und Muskat würzen und richtig dampfend heiß auf den Tisch bringen.

Was gibt's als Extra dazu?
... wenn man's nordisch fein liebt
120 g Sahne steif schlagen und nach Belieben 1 EL Aquavit (Schnaps mit Kümmelaroma) unterrühren. 200 g gegarte, geschälte Krabben abgießen, trocken tupfen und mit 2 EL fein gehackten Dillspitzen mischen. Jeweils 1 großzügigen Klecks Sahne auf die heiße Suppe geben und die Krabben darauf verteilen.

... wenn man's bodenständig mag
150 g nicht zu fetten, durchwachsenen Räucherspeck in Würfelchen schneiden. In einer beschichteten Pfanne mit 1 EL Olivenöl anbraten. Sobald der Speck leicht bräunt, 50 g Haselnussblättchen dazugeben und mit dem Speck unter Rühren knusprig braun braten. Die Speck-Nuss-Mischung samt Bratöl und evtl. Schnittlauchröllchen über die Suppe geben.

... wenn man's vegetarisch bevorzugt
In einer kleinen beschichteten Pfanne 4 EL Haselnussblättchen rösten, bis sie duften, herausnehmen. 1 EL Zucker in der Pfanne hellbraun karamellisieren lassen, 200 g grob gehackte, vorgegarte Maronen (aus dem Vakuumpack) und 1 EL Butter dazugeben. Unter Rühren bei schwacher Hitze braten, bis sich der Karamell gelöst hat, dann auf die Suppe verteilen und mit den Haselnüssen bestreuen.

Reste gut, alles gut, deshalb lohnt es sich bei Nudeln, gleich ein paar mehr in den Topf zu tun. Das spart am nächsten Tag nicht nur Arbeit, sondern dank des sahnig-knusprigen Auflaufs auch noch Zeit und bares Geld.

SCHINKEN-BROKKOLI-**NUDELN**
sahniger Kinderliebling

Für 4 Personen:
450 g Brokkoli
Salz
50 g Butter
150 g Allgäuer Emmentaler oder
*   Bergkäse*
150 g gekochter Schinken in dicken
*   Scheiben (vom Metzger schneiden*
*   lassen)*
1 Zwiebel
1 kleine Knoblauchzehe
200 g Sahne
500 g gegarte Nudeln (Rohgewicht
*   ca. 200 g; ideal: dicke Hörnchen-*
*   nudeln, Spirelli oder Penne)*
2 Eigelb
Pfeffer
frisch geriebene Muskatnuss

Zubereitungszeit: 25 Min.
Garzeit: 35 Min.
Pro Portion: ca. 685 kcal

1 Den Brokkoli in kleine Röschen brechen (Strunk nicht verwenden) und waschen. In kochendem Salzwasser offen bei mittlerer Hitze in 3–5 Min. nicht zu weich garen. In ein Sieb abgießen, kalt überbrausen, anschließend abtropfen lassen.

2 Den Backofen auf 200° vorheizen. Eine Auflaufform (ca. 20 × 25 cm) mit etwas Butter einfetten. Den Käse fein reiben, den Schinken in Würfel schneiden, dabei evtl. den Fettrand entfernen. Die Zwiebel und den Knoblauch schälen, die Zwiebel in feine Würfel schneiden.

3 Übrige Butter in einem Topf schmelzen, die Zwiebel darin bei schwacher Hitze langsam andünsten. Knoblauch dazupressen und die Sahne dazugießen, bei schwacher Hitze 2 Min. köcheln lassen. Gut die Hälfte vom Käse unterrühren und schmelzen lassen, dann vom Herd nehmen.

4 Nudeln, Schinken und Brokkoli mischen und in der Form verteilen. Die Eigelbe mit dem Rührbesen gründlich unter die Käsesauce rühren. Die Sauce kräftig mit Salz, Pfeffer und Muskat würzen und über die Nudeln gießen, mit restlichem Käse bestreuen. Im Ofen (Mitte, Umluft 180°) in 30–35 Min. goldgelb backen.

Womit kann ich den Brokkoli ersetzen?

Wie wär's mit TK-Erbsen, die gefroren ins Kochwasser kommen und auch nur 2–3 Min. garen müssen? Oder noch besser: jedes einfach in Salzwasser oder Brühe gegarte Gemüse, das übrig geblieben ist!

Variante: Zweimal-Reste-Auflauf

Dafür benötigen Sie 500 g gegarte Makkaroni und 1 Portion Sauce Bolognese (s. S. 109 – die also am besten gleich in doppelter Menge kochen; sie lässt sich auch gut einfrieren). Die Hälfte der Makkaroni in eine gefettete Auflaufform geben, die Hälfte der Bolognesesauce darauf verteilen und mit 100 g geriebenem Allgäuer Emmentaler bestreuen. Übrige Makkaroni darüber- und übrige Sauce daraufgeben und nochmals mit 100 g Käse bestreuen. Den Auflauf im auf 180° vorgeheizten Ofen (Mitte, Umluft 160°) in 20–25 Min. goldbraun überbacken.

KARTOFFELGRÖSTL MIT APFEL
bodenständig · deftig

Für 4 Personen:
700 gekochte Pellkartoffeln vom Vortag
6 Frühlingszwiebeln
60 g geräucherter Speck
250 g feste Blutwurst
2 Äpfel
4 EL Butterschmalz
1 TL getrockneter Majoran
Salz · Pfeffer

Zubereitungszeit: 25 Min.
Pro Portion: ca. 525 kcal

1 Die Kartoffeln pellen und in 2 cm große Würfel schneiden. Die Zwiebeln waschen, putzen, den weißen Teil schräg in 2 cm lange Stücke, den grünen Teil in feine Ringe schneiden. Den Speck 1 cm groß, die Blutwurst 2 cm groß würfeln. Die Äpfel waschen, vierteln, die Kerngehäuse entfernen, das Fruchtfleisch 1 cm groß würfeln.

2 2 EL Schmalz in einer großen Pfanne erhitzen, den Speck darin goldbraun braten und herausnehmen. Die Kartoffeln im Bratfett bei starker Hitze unter gelegentlichem Wenden in 3–4 Min. goldbraun braten.

3 Inzwischen in einer zweiten Pfanne das übrige Schmalz erhitzen, Äpfel, Zwiebelstücke und Blutwurst hineingeben und unter Rühren 2 Min. braten. Die Masse mit dem Speck zu den Kartoffeln geben. Mit Majoran, Salz und Pfeffer würzen, alles vorsichtig mischen, 1 Min. weitergaren, dann mit Zwiebelgrün bestreuen und servieren.

Und wenn ich keine Blutwurst mag?
Wie wär's mit Lyoner- oder Fleischwurst? Auch Bratenreste oder Bratenaufschnitt vom Metzger passen wunderbar.

COUSCOUS-PLÄTZCHEN VOM BLECH
vegetarisch

Für 12 Stück:
ca. 380 g gegarter Couscous
*   (ungekocht 150 g)*
150 g Lauch
1 Knoblauchzehe
1 EL Olivenöl
100 g Magerquark
1 EL Tomatenmark · 2 Eigelb
3 EL frisch geriebener Parmesan
Salz · Pfeffer
1/2 TL getrockneter Oregano
Olivenöl zum Verarbeiten

Zubereitungszeit: 20 Min.
Backzeit: 25 Min.
Pro Stück: ca. 80 kcal

1 Couscous mit einer Gabel auflockern. Lauch putzen, längs vierteln, waschen und in kleine Stücke schneiden. Knoblauch schälen. 1 EL Öl in einer Pfanne erhitzen. Lauch hineingeben, Knoblauch dazupressen und 1–2 Min. unter Rühren dünsten. Vom Herd nehmen und abkühlen lassen.

2 Inzwischen den Backofen auf 200° vorheizen. Quark mit Tomatenmark verrühren, Eigelbe gut unterrühren. Mit Lauch, Parmesan, Salz, Pfeffer und Oregano zum Couscous geben, gut vermengen.

3 Etwas Öl in die Handflächen geben. Aus dem Couscousteig 12 gleichmäßige flache Plätzchen formen, auf ein mit Backpapier ausgelegtes Blech legen. Etwas Öl auf den Plätzchen verstreichen und diese im Ofen (Mitte, Umluft 180°) in 20 25 Min. goldgelb und knusprig backen.

Und was gibt's dazu?
Frischen grünen Salat und einen **Tomaten-Joghurt** zum Dippen: Dazu 2 kleine Tomaten klein würfeln und mit 200 g Joghurt mischen. 1/2 Knoblauchzehe dazupressen und mit Salz, Pfeffer, 2 Msp. gemahlenem Kreuzkümmel und nach Belieben etwas Schnittlauch oder Petersilie mischen.

»Bettelmann« oder »Ofenschlupfer« nennt man in Süddeutschland süße Aufläufe
mit Brotresten und Obst, weil die sich früher auch arme Leute leisten konnten. Heute
bettelt man umgekehrt nach dieser Edelvariante mit Mohn und Birnengeist.

BIRNEN-BROT-AUFLAUF MIT MOHN
für Süßschnäbel

Für 4 Personen:
ca. 500 g reife Birnen
1/2 Bio-Zitrone
300 g altbackenes Weißbrot
4 Eier • Salz
250 g Magerquark
1/4 l Milch
2 EL Vanillepuddingpulver
100 g Zucker
80 g gemahlener Mohn
6 EL Birnengeist (nach Belieben)
Butter für die Form
Puderzucker zum Bestäuben

Zubereitungszeit: 25 Min.
Backzeit: 40 Min.
Pro Portion: ca. 655 kcal

1 Die Birnen schälen, vierteln, die Kerngehäuse herausschneiden und das Fruchtfleisch 1 cm groß würfeln. Die Zitrone heiß waschen und abtrocknen. Die Schale abreiben und den Saft auspressen. Beides mit den Birnen mischen.

2 Den Backofen auf 190° vorheizen. Eine Auflaufform (ca. 20 × 25 cm) dick mit Butter ausfetten. Das Brot in 4 cm große Würfel schneiden. Die Eier trennen, die Eiweiße mit 1 Prise Salz steif schlagen. Quark mit Milch, Puddingpulver, Eigelben und Zucker in einer Schüssel glatt rühren, dann den Mohn unterrühren.

3 Brot und Birnen mischen, nach Belieben den Birnengeist darüberträufeln. Den Eischnee unter die Quark-Mohn-Mischung heben und mit den Birnen-Brotwürfeln mischen. Alles in die Form füllen und im Ofen (Mitte, Umluft 170°) in 35–40 Min. goldbraun backen. Den Auflauf evtl. mit etwas Puderzucker bestäuben und warm servieren. Toll schmeckt dazu eine kalte Vanillesauce (s. S. 157).

Lecker-Varianten

Anstelle von Birnen schmecken auch frische oder gut abgetropfte Sauerkirschen aus dem Glas. Noch feiner als mit Brot schmeckt der Auflauf mit Rosinenzopf oder Stutenresten.

Herzhafte Variante

Prima als Beilage ist ein **pikanter Brotauflauf** nach Semmelknödelart: 1 gehackte Zwiebel mit 80 g gewürfeltem Räucherspeck in 1 EL Butter anbraten. 300 g altbackenes Baguette oder Ciabatta in große Stücke schneiden, mit Speck und Zwiebeln mischen und 300 ml Milch darübergießen. 20 Min. quellen lassen, dann 3 Eier sowie je 1/2 Bund gehackte Petersilie und Schnittlauch unterrühren, mit Salz, Pfeffer und Muskat würzen. In eine gefettete Auflaufform geben, mit Butterflöckchen belegen und im 200° heißen Ofen (Mitte, Umluft 180°) 40 Min. backen.

SAHNE-MILCHREIS MIT ERDBEEREN

Hauptgericht oder üppiger Nachtisch

Für 4 Personen:
125 g Milchreis
1/2 Vanilleschote
1 Stück Bio-Zitronenschale
1/2 l Milch • Salz
400 g frische Erdbeeren
4 EL Zucker
125 g Sahne
1 Päckchen Vanillezucker

Zubereitungszeit: 25 Min.
Pro Portion: 320 kcal

1 Den Reis in ein Sieb geben, kalt abspülen und abtropfen lassen. Vanilleschote aufschlitzen, das Mark herauskratzen. Mark, -schote und Zitronenschale mit der Milch unter gelegentlichem Rühren aufkochen lassen. Reis hineinschütten, 1 Prise Salz dazugeben und umrühren. Den Reis bei schwacher Hitze in 20–25 Min. weich kochen. Vanilleschote und Zitronenschale herausfischen.

2 Inzwischen die Erdbeeren waschen, putzen, große in Stücke schneiden, kleine vierteln und mit 2 EL Zucker mischen. Die Sahne mit dem Vanillezucker steif schlagen. Reis vom Herd nehmen, mit übrigem Zucker süßen, evtl. leicht abkühlen lassen, dann Erdbeeren und Sahne unterrühren.

Und wenn ich normalen Milchreis will?

Einfach den Reis mit Zucker nach Wunsch süßen oder mit Zimt-Zucker bestreuen.

Einmal kochen, zweimal gut essen lautet hier die Devise. Und wer die doppelte Menge Milchreis kocht, hat schon die Basis für den süßen Schmarrn am nächsten Tag. Wer auf Herzhaftes steht, sollte die knusprigen Curry-Plätzchen probieren.

SÜSSER MANDEL-REISSCHMARRN

fluffig · fein

Für 4 Personen:
2 Eier · Salz · 100 g Mehl
100 ml Milch · 2 EL Sahne
2 EL Calvados (oder Cognac, nach
   Belieben)
2 EL Zucker · 1/2 TL Zimtpulver
kalter Milchreis (vom Rezept links)
3 EL Rosinen · 4 EL Mandelstifte
2 EL Puderzucker
Butterschmalz zum Braten

Zubereitungszeit: 25 Min.
Pro Portion: ca. 325 kcal

1 Die Eier trennen, Eiweiße mit 1 Prise Salz steif schlagen. Das Mehl mit Milch, Sahne und nach Belieben Calvados mit dem Schneebesen gut verrühren, dann die Eigelbe mit Zucker und Zimt darin verquirlen.

2 Milchreis, Rosinen und Mandelstifte gründlich unter die Teigmasse rühren. Anschließend den Eischnee vorsichtig unterheben. Etwas Butterschmalz in einer beschichteten Pfanne zerlassen und den Teig hineingeben.

3 Den Schmarrn bei schwacher bis mittlerer Hitze so lange braten, bis die Unterseite gebräunt ist und die Oberseite leicht stockt. Vorsichtig wenden, etwas bräunen lassen, dann mit einer Gabel in Stücke reißen, dabei 1 EL Puderzucker darüberstreuen. Sobald die Schmarrnstücke schön gebräunt sind, auf Teller verteilen und mit restlichem Puderzucker bestäuben.

CURRY-REISPLÄTZCHEN

preiswert · ganz einfach

Für 4 Personen:
450 g gekochter Reis (vom Vortag;
   ungekocht ca. 150 g)
1/2 Bund Petersilie
2 Eier
1 1/2–2 TL Currypulver
1/3 TL edelsüßes Paprikapulver
Salz · Pfeffer
2 EL Mehl
Sonnenblumenöl zum Braten
Mehl zum Arbeiten

Zubereitungszeit: 25 Min.
Pro Portion: ca. 230 kcal

1 Reis mit einer Gabel auflockern. Petersilie waschen, trocken schütteln und fein hacken. Die Eier verquirlen und mit Petersilie unter den Reis rühren. Mit Curry- und Paprikapulver, reichlich Salz und Pfeffer würzen. Das Mehl gut untermengen.

2 Die Reismasse in acht Portionen teilen und aus jeder Portion mit leicht bemehlten Händen ein flaches Plätzchen formen. Fertige Plätzchen auf ein Küchenbrett legen. Reichlich Öl in einer beschichteten Pfanne erhitzen. Darin die Reisplätzchen bei mittlerer bis starker Hitze in 4–5 Min. goldbraun braten. Wenden und in weiteren 4–5 Min. fertigbraten. Mit Salat und evtl. dem Tomaten-Joghurt-Dip (s. S. 57) servieren.

GEBACKENER **SCHAFKÄSE**

toll zu Salat

Für 4 Personen:
400 g Schafkäse (Feta)
3 EL Mehl
1 Ei • Pfeffer
70 g Semmelbrösel
1 TL Kräuter der Provence
1 Knoblauchzehe
4 EL Olivenöl

Zubereitungszeit: 15 Min.
Pro Portion: ca. 440 kcal

1 Den Backofen auf 220° vorheizen. Den Käse in 4 gleich große Stücke schneiden. Das Mehl in einen tiefen Teller geben, das Ei in einem zweiten Teller verquirlen und mit Pfeffer würzen. Die Semmelbrösel in einem dritten Teller mit den Kräutern mischen. Die Knoblauchzehe halbieren. Die Käsestücke nacheinander erst im Mehl wenden, dann durch das Ei ziehen und anschließend in den Semmelbröseln wenden, dabei die Brösel gut andrücken.

2 Das Öl in einer Pfanne erhitzen, Knoblauch darin schwenken. Den Käse beidseitig jeweils knapp 2 Min. braten, dann herausnehmen. Etwas Bratöl in einer ofenfesten Form verstreichen, den Käse hineinlegen und im Ofen (Mitte, Umluft 200°) in 6–8 Min. goldbraun backen. Heiß servieren. Am besten passt dazu Rucola- oder Tomatensalat.

Dann hat keiner mehr Lust, ewig lange in der Küche zu werkeln. Besser ist da so ein kleines Betthupferl, das schnell gemacht ist, wenn man mit hängendem Magen nach Hause kommt – so endet der Tag dann richtig gut.

PIKANTE **ARME RITTER**
reichhaltige Brote

Für 4 Personen:
4 Eier • 200 ml Milch
Salz • Pfeffer
edelsüßes Paprikapulver
8 dicke Scheiben Baguette (ca. 3 cm)
4 Scheiben Raclettekäse
4 Frühlingszwiebeln
8 Scheiben Chorizo (oder Paprika-
*   salami)*
Butterschmalz zum Braten

Zubereitungszeit: 30 Min.
Pro Portion: 585 kcal

1 Die Eier in einer flachen Schüssel mit der Milch verquirlen und mit Salz, Pfeffer und Paprikapulver würzen. Die Brotscheiben in der Mitte nochmals tief ein-, aber nicht durchschneiden, sodass eine tiefe Tasche entsteht. Die Käsescheiben halbieren. Die Zwiebeln waschen, trocken schütteln, putzen und den unteren, weißen Teil in feine Ringe schneiden.

2 Jeweils 1 Käse- und Wurstscheibe und ein paar Zwiebelringe in die Brottasche stecken, gut zusammendrücken. Brote nacheinander beidseitig für jeweils knapp 1 Min. in die Eiermilch legen. Reichlich Butterschmalz in einer Pfanne bei schwacher Hitze schmelzen. Die Brotscheiben darin portionsweise auf beiden Seiten in 5 Min. goldbraun braten. Heiß mit Salat servieren. Wer mag, kann das übrige Zwiebelgrün in Ringe schneiden und über den Salat streuen.

EIER AUF GRÜNEM FRISCHKÄSE
leicht · frühlingsfrisch

Für 4 Personen:
6 Eier
1 Bund Frühlings- oder Salatkräuter
*   (z. B. Schnittlauch, Petersilie, Dill,*
*   Kerbel)*
200 g griechischer Joghurt
400 g körniger Frischkäse
1 TL Senf
Salz • Pfeffer
edelsüßes Paprikapulver
1 Beet Kresse

Zubereitungszeit: 15 Min.
Pro Portion: ca. 395 kcal

1 Die Eier je nach Wunsch in ca. 6 Min. wachsweich oder in ca. 10 Min. hart kochen und mit kaltem Wasser abschrecken.

2 Inzwischen die Kräuter waschen, trocken schütteln und mit den Stängeln grob zerschneiden. Mit 100 g Joghurt mit dem Pürierstab grob pürieren und mit dem übrigen Joghurt, Frischkäse und Senf glatt rühren. Mit Salz, Pfeffer und Paprikapulver würzen und auf Teller verteilen. Die Eier pellen, halbieren, salzen, pfeffern und auf der Frischkäsecreme verteilen. Die Kresse vom Beet schneiden und darüberstreuen. Dazu schmeckt leicht angeröstetes Bauernbrot oder aber auch mal Pellkartoffeln.

Nicht nur, wer auf seine Linie achtet, wird diesen leichten Salat lieben: Knackig frisch, und das Obendrauf ist gut zu variieren. Die Salate kann man frei wählen, greift aber am besten zu saisonaler Bio-Ware – kalorienarm und richtig gesund.

BUNTER SALAT MIT SCHARFEN GARNELEN

leicht · edel

Für 4 Personen:

1 kleiner Eichblattsalat
1 Handvoll Blattsalat-Mischung
*   (z. B. Mangold-, Rucola- und*
*   Mizuna-Blätter; ersatzweise 1 Bund*
*   Rucola oder Brunnenkresse)*
200 g Kirschtomaten
2 EL Aceto balsamico
1 TL Dijon-Senf
1/2 TL Honig
Salz · Pfeffer
7 EL Olivenöl
1 Bund Petersilie
1 rote Chilischote
2 Knoblauchzehen
16 küchenfertige, rohe, geschälte
*   Garnelen (ca. 600 g)*

Zubereitungszeit: 25 Min.
Pro Portion: ca. 315 kcal

1 Kopfsalat zerteilen, putzen, mit der Salatmischung waschen und trocken schleudern oder tupfen. Die Salatblätter mundgerecht zerzupfen. Tomaten waschen und halbieren. Für das Dressing Essig mit Senf, Honig, Salz und Pfeffer gut verrühren, anschließend 4 EL Olivenöl unterschlagen.

2 Die Petersilie waschen, trocken schütteln und fein hacken. Eine Hälfte unter das Dressing rühren. Chilischote aufschlitzen, Kerne herauskratzen, anschließend die Schote fein würfeln. Den Knoblauch schälen und fein hacken. Die Garnelen mit kaltem Wasser abbrausen und trocken tupfen.

3 Salat, Tomaten und Dressing mischen und auf vier Teller verteilen. Das übrige Öl in einer Pfanne erhitzen. Garnelen, Knoblauch und Chili darin bei mittlerer Hitze unter Rühren 2–3 Min. braten, bis die Garnelen rundum rot und leicht gebräunt sind. Übrige Petersilie unterrühren. Die Garnelen einmal durchschwenken und salzen. Warm auf den Salat geben, diesen schnell auf den Tisch bringen.

Variante mit Putenstreifen

400 g Putenschnitzel in feine Streifen schneiden, salzen und pfeffern. 1 Knoblauchzehe schälen. 3 EL Butterschmalz in einer Pfanne erhitzen, Putenstreifen hineingeben, Knoblauch dazupressen und unter Rühren in 2–3 Min. goldbraun braten. Mit 2 EL Sojasauce und nach Belieben 1 EL Sherry ablöschen. Evtl. noch gehackte Petersilie, Koriandergrün oder Schnittlauch unterrühren. Heiß auf den Salat geben.

Variante mit gebackenem Nusscamembert

Den Backofen auf 220° vorheizen. 3 feste, nicht zu reife Camemberts (à 120 g) vierteln. 4 EL gehackte Haselnusskerne mit 5 EL Semmelbröseln mischen und in einen tiefen Teller geben. 1 Ei in einem zweiten Teller verquirlen. 4 EL Mehl in einen dritten Teller geben. Die Käseviertel erst im Mehl, dann im Ei und zum Schluss in der Brösel-Nuss-Mischung wenden, Brösel leicht andrücken. Die Viertel auf ein mit Backpapier ausgelegtes Blech legen und im heißen Ofen (Mitte; Umluft nicht empfehlenswert) in 5 Min. goldbraun backen. Warm auf dem Salat anrichten. Hier schmecken anstelle der Tomaten 2 kleine, reife Birnen. Diese einfach, während der Käse bäckt, waschen, halbieren, von Kerngehäusen befreien, in feine Spalten schneiden und unter den Salat heben.

FISCH-FENCHEL-SUPPE MIT SAFRAN

leicht · bekömmlich · im Bild links

Für 4 Personen:
500 g gemischte festfleischige Fischfilets
   (s. Tipp)
3 Tomaten · 1 große Fenchelknolle
2 Stangen Staudensellerie
1 Knoblauchzehe
1 EL Olivenöl
5 EL trockener Wermut (z. B. Noilly Prat)
400 ml Fischfond (aus dem Glas)
12 Safranfäden
Salz · Pfeffer · 1 Msp. Chilipulver
5 Stängel Petersilie

Zubereitungszeit: 35 Min.
Pro Portion: ca. 155 kcal

1 Fischfilets in 2 cm große Stücke schneiden. Tomaten kreuzweise einritzen, überbrühen, häuten und in feine Stücke hacken, dabei die Stielansätze entfernen. Den Fenchel achteln, waschen, Strunk herausschneiden. Die Achtel quer in feine Scheibchen schneiden. Staudensellerie waschen, putzen und in dünne Scheiben schneiden.

2 Knoblauch schälen und fein hacken. Olivenöl in einem Topf erhitzen, Knoblauch darin andünsten. Fenchel und Sellerie bei mittlerer Hitze 3 Min. mitdünsten, mit 3 EL Wermut ablöschen. Sobald der Wermut verdunstet ist, Tomaten dazugeben, 1 Min. mitdünsten. Fond dazugießen, mit Safran,

Salz, Pfeffer und Chili würzen und zugedeckt bei schwacher Hitze 5 Min. köcheln.

3 Inzwischen die Petersilie waschen, trocken schütteln und fein hacken. Fischstücke mit übrigem Wermut in die Suppe geben und bei schwacher Hitze in 2–5 Min. gar ziehen lassen. Die Suppe auf Teller verteilen und mit Petersilie bestreuen.

Welchen Fisch kaufe ich?

Für die Suppe eignen sich z. B. Lotte, Rotbarsch, Seelachs, Lachs und Tilapia, evtl. auch Garnelen. Viele Fischhändler bieten hochwertige Fischabschnitte preiswert für Fischsuppe an.

Etwas Warmes braucht der Mensch! Wer mittags nur Brot gegessen hat, freut sich auf ein wärmendes Schlaf-gut-Süppchen. Das ist fein, leicht, macht angenehm satt, und wenn man sich das Brot dazu verkneift, sogar noch schlank im Schlaf ...

ROTE LINSENSUPPE MIT CURRY

mild-würzig · im Bild oben

Für 4 Personen:
2 Möhren
1 Stück Lauch (ca. 120 g)
1 säuerlicher Apfel (z. B. Boskop)
1 große Zwiebel • 2 EL Butterschmalz
200 g rote Linsen
1,2 l Gemüse- oder Hühnerbrühe
1 EL Currypulver • Salz • Pfeffer
2 TL frisch gepresster Zitronensaft
150 g Sahnejoghurt

Zubereitungszeit: 40 Min.
Pro Portion: ca. 295 kcal

1 Die Möhren schälen und in 1/2 cm große Würfel schneiden. Den Lauch längs vierteln, waschen und fein schneiden. Den Apfel waschen, vierteln, Kerngehäuse entfernen und das Fruchtfleisch klein würfeln. Die Zwiebel schälen und fein hacken.

2 Butterschmalz in einem Topf erhitzen, die Zwiebel darin kurz andünsten. Lauch und Möhre 2 Min. mitdünsten, dann Apfel und Linsen kurz mitdünsten. Mit Brühe aufgießen und Currypulver einrühren. Zugedeckt bei mittlerer Hitze 20–25 Min. kochen, bis die Linsen und das Gemüse weich sind.

3 Die Suppe mit Salz, Pfeffer und Zitronensaft abschmecken. Vom Herd nehmen, den Joghurt unterrühren und mit dem Pürierstab grob pürieren – es sollten noch Stückchen bleiben. Heiß auf Teller verteilen und am besten mit warm aufgebackenem Fladenbrot servieren.

TANDOORI-BLUMENKOHLSUPPE

indisch scharf · im Bild rechts

Für 4 Personen:
500 g Blumenkohl
1 Zwiebel
2 EL Butterschmalz
400 ml leichte Hühner- oder Gemüsebrühe
450 ml Milch
1 1/2 EL Tandooripulver (oder -paste)
Salz • 2 Msp. Chilipulver
1 Bund Schnittlauch
150 g Joghurt

Zubereitungszeit: 15 Min.
Garzeit: 25 Min.
Pro Portion: ca. 175 kcal

1 Den Strunk vom Blumenkohl wegschneiden, den Blumenkohl in grobe Stücke brechen und waschen. Dann mit einem großen Messer klein zerschneiden. Die Zwiebel schälen und würfeln.

2 Das Butterschmalz in einem Topf erhitzen, die Zwiebel darin hellbraun dünsten. Blumenkohl dazugeben und unter Rühren 3–4 Min. mitdünsten. Erst Brühe, dann die Milch angießen und mit Tandooripulver (oder -paste), Salz und Chili würzen. Zugedeckt bei schwacher Hitze 25 Min. garen.

3 Den Schnittlauch waschen, trocken schütteln und in breite Röllchen schneiden.

Die Suppe vom Herd nehmen und mit dem Pürierstab schaumig pürieren. Etwas abkühlen lassen, auf Teller verteilen, jeweils ein paar Kleckse Joghurt daraufgeben und mit Schnittlauch bestreuen.

WOCHENENDE

... wenn ich endlich Zeit habe

SONNTAGS-SMOOTHIE

karibisch-fruchtig · cremig

Für 4 Gläser:
1/2 Ananas (ca. 600 g)
2 Bananen
80 g TK-Erdbeeren
2 TL frisch gepresster Limettensaft
75 ml Kokosmilch (aus der Dose)
1 TL Puderzucker
3–4 EL Sahne

Zubereitungszeit: 10 Min.
Pro Glas: ca. 160 kcal

1 Die Ananashälfte längs halbieren und den Strunk wegschneiden. Das Fruchtfleisch aus der Schale schneiden, dabei die braunen Augen herausschneiden. Ananasfleisch in Stücke schneiden.

2 Die Bananen schälen und grob zerteilen. Mit der Ananas, den gefrorenen Beeren, Limettensaft, Kokosmilch und Zucker mit dem Pürierstab oder im Mixer fein pürieren. Die Sahne unterrühren. Den Smoothie in Gläser füllen und sofort genießen.

Cocktail-Aufpepp-Variante

Wer lieber abends einen sahnigen Cocktail schlürft, mixt zusätzlich 75 ml Ananassaft und 5 cl weißen Rum oder 6 cl Kokoslikör (z. B. Batida de Coco) unter. In hohe Gläser füllen und mit Trinkhalmen servieren.

Bloß nicht früh aufstehen, lieber trödeln. Wer spät aus den Federn kommt, sollte den Sonntag unbedingt mit einem ausgedehnten Frühstück beginnen. Muss nur noch einer zum Bäcker radeln und frische Brötchen holen ...

PARMESANRÜHREI MIT RUCOLA

Buon giorno!

Für 4 Personen:
2 EL Pinienkerne
1/2 Bund Rucola • 1 Stängel Basilikum
6 Eier • 5 EL Sahne
Salz • Pfeffer
2 EL frisch geriebener Parmesan
2 EL Butter
4 Scheiben Parmaschinken (nach Belieben)

Zubereitungszeit: 15 Min.
Pro Portion: ca. 305 kcal

1 Die Pinienkerne in einer Pfanne ohne Fett hellbraun rösten, dann abkühlen lassen. Rucola und Basilikum waschen und gut trocken schütteln. Grobe Stiele vom Rucola wegschneiden, Basilikumblätter abzupfen. Rucola grob zerschneiden. Basilikum in feine Streifen schneiden.

2 Die Eier kräftig mit der Sahne verquirlen und mit Salz und Pfeffer würzen. Parmesan und gut die Hälfte von Rucola und Basilikum untermischen. Die Butter in einer beschichteten Pfanne schmelzen und die Eiermasse hineingeben. Sobald sie zu stocken beginnt, mit dem Pfannenwender vom Rand her nach innen schieben.

3 Übrigen Rucola und Basilikum sowie die Pinienkerne darüberstreuen und die Masse immer wieder vom Rand nach innen schieben, bis die gewünschte Konsistenz erreicht ist. Die Rühreier nach Wunsch mit Parmaschinken servieren.

MÜSLI-CRUMBLE MIT ÄPFELN

Knusperstart in den Tag

Für 4 Personen:
80 g Sahne • 3 EL Milch
1 EL Butter
100 g Zucker • 2 EL Honig
100 g Haferflockenmüsli (ohne Zucker)
3 EL Mandelblättchen
2 große Äpfel (z. B. Boskop)
1 TL frisch gepresster Zitronensaft
2 EL Rosinen • 1/2 TL Zimtpulver
2 EL Rum (nach Belieben)
4 EL Cornflakes • Butter für die Form

Zubereitungszeit: 20 Min.
Backzeit: 30 Min.
Pro Portion: ca. 440 kcal

1 Sahne, Milch, Butter, 70 g Zucker und Honig in einen kleinen Topf geben und unter gelegentlichem Rühren aufkochen lassen. Das Müsli und die Mandelblättchen dazugeben und gut unterrühren. Vom Herd nehmen und abkühlen lassen.

2 Inzwischen den Backofen auf 180° vorheizen. Vier große ofenfeste Tassen oder eine kleine Auflaufform fetten. Die Äpfel schälen, vierteln und die Kerngehäuse herausschneiden. Die Viertel nochmals halbieren und in kleine Stücke schneiden. Die Apfelstücke sofort mit Zitronensaft, Rosinen, übrigem Zucker, Zimt und nach Belieben Rum mischen und in die Form füllen.

3 Die Cornflakes unter die abgekühlte, leicht gequollene Müslimasse rühren. Die Müslimasse auf den Äpfeln verteilen, dabei in einzelne Stücke zupfen. Im Ofen (Mitte, Umluft 160°) in 25–30 Min. goldbraun überbacken. Herausnehmen, kurz abkühlen lassen, dann warm servieren. Dazu schmeckt etwas Vanillejoghurt. Für ein Dessert oder zum Nachmittagskaffee darf's auch mal eine Kugel Vanilleeis sein.

FRÜHLINGS-FRISCHKÄSE MIT MÖHREN

Herzhaftes aufs Brot

Für 4 Personen:
1 kleine Möhre
3 Radieschen
100 g cremiger Ricotta
150 körniger Frischkäse
1 Spritzer frisch gepresster Zitronensaft
2 Msp. gemahlener Kreuzkümmel
Salz • Pfeffer
1 Beet Kresse

Zubereitungszeit: 15 Min.
Pro Portion: ca. 125 kcal

1 Die Möhre schälen und auf einer Rohkostreibe fein raspeln. Die Radieschen waschen, putzen und in feine Würfel oder dünne Stifte schneiden. Beides mit Ricotta und Frischkäse gut verrühren. Mit Zitronensaft, Kreuzkümmel, Salz und Pfeffer pikant abschmecken.

2 Die Kresse waschen, trocken tupfen und vom Beet schneiden. Etwas Kresse zurückbehalten, den Rest unter die Creme heben. Mit übriger Kresse bestreuen und auf Bauernbrot oder Pumpernickel genießen.

Wie bekomme ich den Frischkäse noch würziger?

Die Radieschen ganz weglassen oder ein kleines Stückchen Salatgurke schälen und fein würfeln. Anstelle von Frischkäse 80 g Schafkäse (z. B. Feta) mit einer Gabel fein zerdrücken, mit Gurke, Möhre und Ricotta mischen und wie beschrieben würzen. Statt Kresse dann aber 2–3 fein gehackte Stängel Dill unterrühren.

Nur Brot und Aufschnitt am Sonntag – einfach langweilig. Mit feinen Aufstrichen oder Pancakes wird aus dem späten Frühstück der perfekte Brunch. Dazu lädt man am besten Freunde ein – vielleicht bringen die ja auch die Brötchen mit.

APRIKOSEN-ORANGEN-**FRISCHKÄSE**

Süßes aufs Brötchen

Für 4 Personen:
100 g getrocknete Aprikosen
1/2 Vanilleschote
1/4 l frisch gepresster Orangensaft
1 EL Orangenlikör (nach Belieben)
1 Msp. Zimtpulver
1–2 EL Zucker
2 EL Mandelblättchen
100 g Doppelrahmfrischkäse

Zubereitungszeit: 15 Min.
Marinierzeit: 3 Std.
Pro Portion: ca. 225 kcal

1 Die Aprikosen in Würfelchen schneiden. Die Vanilleschote aufschlitzen, das Mark herauskratzen. Mark und Schote mit Aprikosen und Orangensaft in einen kleinen Topf geben, zum Kochen bringen und offen bei mittlerer Hitze 5 Min. köcheln lassen. Kurz vor Garzeitende Likör nach Belieben und Zimt unterrühren, mit Zucker nach Geschmack süßen. Zugedeckt mindestens 3 Std. (oder noch besser über Nacht) nachquellen lassen.

2 Die Mandelblättchen in einer Pfanne ohne Fett hellbraun anrösten, abkühlen lassen. Inzwischen die Vanilleschote aus den Aprikosen fischen. Aprikosen mit Garflüssigkeit mit dem Pürierstab fein pürieren. Das Püree gründlich mit dem Frischkäse verrühren. Den Aprikosenfrischkäse mit den Mandelblättchen bestreuen. Er schmeckt prima auf frischen Weißbrötchen oder Hefezopf.

PANCAKES MIT BANANEN

statt Frühstücksbrötchen

Für ca. 12 Stück:
2 EL Butter
2 Eier
200 ml Buttermilch
4 EL Zucker
150 g Mehl • Salz
1 TL Backpulver
1/2 TL Zimtpulver
2 reife Bananen
Butterschmalz zum Braten
Blütenhonig zum Beträufeln

Zubereitungszeit: 1 Std.
Pro Stück: ca. 140 kcal

1 Die Butter zerlassen. Eier mit Buttermilch, Zucker und flüssiger Butter gut verquirlen. Mehl, 1 Prise Salz, Backpulver und Zimt mischen und gut unter die Eiermilch rühren. Zugedeckt 10 Min. quellen lassen.

2 Die Bananen schälen, längs halbieren, in 1/2 cm dicke Stücke schneiden und unter den Teig rühren. Butterschmalz in einer Pfanne erhitzen und ca. 2 EL Teig pro Cake hineingeben. Leicht flach streichen, pro Seite bei mittlerer Hitze 3 Min. backen. So nacheinander insgesamt 12 Pancakes ausbacken, fertige im Ofen bei 60° warm halten. Zum Servieren mit Honig beträufeln.

Sonntag ist Ruhetag. Darum darf das Huhn auch ganz in Ruhe schmoren, und ich muss nicht lange in der Küche stehen. Während es gemütlich vor sich hin gart und ganz von alleine jede Menge Aroma entwickelt, bleibt Zeit für die Familie, für Gäste, ein entspanntes Nickerchen oder ein paar Seiten im neuesten Krimi.

HUHN MIT FENCHEL UND OLIVEN
schmeckt nach Sonne und Süden

Für 4–6 Personen:
1 Poularde (ca. 1,8 kg; vom Metzger
   in 8 Teile schneiden lassen)
Salz • Pfeffer
3 Fenchelknollen
250 g Schalotten
2 Knoblauchzehen
1 TL Fenchelsamen
2 Orangen
2 Stängel Rosmarin
1/2 Bund Thymian
100 ml Pernod (Anis-Aperitif-Likör;
   s. Tipp)
2 Dosen stückige Tomaten (à 400 g)
1/4 TL Chilipulver
150 ml Hühnerbrühe
120 g schwarze Oliven (mit Stein)
Olivenöl zum Braten

Zubereitungszeit: 35 Min.
Garzeit: 1 Std. 20 Min.
Pro Portion (bei 6): ca. 675 kcal

1 Die Fleischstücke kalt abbrausen, trocken tupfen, salzen und pfeffern. Den Fenchel putzen, vierteln und waschen. Die Schalotten schälen und halbieren bzw. sehr große vierteln. Knoblauch schälen und mit den Fenchelsamen hacken. Mit einem scharfen Messer die Schale samt weißer Haut von den Orangen schneiden, das Fruchtfleisch in dünne Scheiben schneiden, dabei den Saft auffangen. Die Kräuter waschen und trocken schütteln.

2 4 EL Öl in einem großen Topf oder Bräter erhitzen, die Poulardenteile darin in 5 Min. portionsweise rundherum schön hellbraun anbraten, dann herausnehmen. Das Bratfett so abgießen, dass nur ein kleiner Rest bleibt. Darin die Schalotten 2 Min. unter Rühren andunsten. Knoblauch und Fenchelsamen kurz mitdünsten. Mit 50 ml Pernod ablöschen. Die Tomaten dazugeben, Rosmarin und Thymian einlegen und alles offen bei mittlerer Hitze 10 Min. köcheln lassen. Mit Salz, Pfeffer und Chilipulver kräftig würzen. Brühe und Oliven unterrühren, die Fleischstücke einlegen. Zugedeckt bei schwacher Hitze 15 Min. garen.

3 Inzwischen 2 EL Olivenöl in einer großen Pfanne erhitzen. Den Fenchel darin bei starker Hitze rundherum braun anbraten, salzen und pfeffern. Den aufgefangenen Orangensaft und den übrigen Pernod dazugeben, den Fenchel gut darin schwenken. Fenchel samt Flüssigkeit auf den Poulardenstücken verteilen, darüber die Orangenscheiben legen.

4 Zugedeckt das Huhn bei schwacher Hitze weitere 40–50 Min. schmoren – erst 5 Min. vor Garzeitende Fleisch, Fenchel und Orangenscheiben durchmischen. Die Sauce evtl. mit Salz, Pfeffer und Pernod abschmecken, dann nochmals bei schwacher Hitze 5 Min. ziehen lassen. Wie bei unseren Nachbarn im Süden am besten mit knusprigem Baguette zum Auftunken der Sauce servieren.

... wenn ich ohne Alkohol kochen will?

Den Pernod durch frisch gepressten Orangensaft, mit 1 EL Zitronensaft gemischt, ersetzen.

Wie wär's mit einer Mischung aus feinen und echt bodenständigen Zutaten? Klingt ungewöhnlich, schmeckt aber super und ist alles andere als alltäglich – eben wirklich sonntäglich.

GEBRATENER ZANDER AUF SAHNEWIRSING

auch für Gäste

Für 4 Personen:
1 kleiner Wirsingkopf (möglichst ohne harte, dunkle Außenblätter; ca. 700 g)
1 Zwiebel • 1 Knoblauchzehe
1 EL Kapern
150 g Sahne
Salz • Pfeffer
frisch geriebene Muskatnuss
2 Zanderfilets mit Haut (à ca. 350 g)
abgeriebene Schale und Saft von 1/2 Bio-Zitrone
Olivenöl und 1 EL Butter zum Braten

Zubereitungszeit: 35 Min.
Pro Portion: ca. 345 kcal

1 Wirsing in Blätter teilen, waschen, den Strunk keilförmig herausschneiden. Blätter längs halbieren und quer in 2 cm breite Streifen schneiden. Zwiebel und Knoblauch schälen und mit Kapern fein hacken.

2 2 EL Olivenöl in einem Topf erhitzen, die Zwiebel darin glasig andünsten, Knoblauch kurz mitdünsten. Den Wirsing unter Rühren 1–2 Min. mitdünsten – er soll nicht bräunen. Sahne dazugießen, mit Salz, Pfeffer und Muskat würzen und zugedeckt bei mittlerer Hitze 10 Min. garen. Evtl. ein paar EL Wasser dazugeben.

3 Inzwischen die Fischfilets trocken tupfen, jedes in 4 Stücke schneiden. Die Haut längs 3- bis 4-mal leicht einschneiden (so biegen sich die Filets beim Braten nicht auf), die hautlose Seite mit 2 TL Zitronensaft einreiben, salzen und pfeffern. Zitronenschale und Kapern unter den Wirsing rühren und 5–7 Min. weitergaren.

4 3 EL Öl in einer beschichteten Pfanne erhitzen. Die Fischfilets auf der Hautseite 4–5 Min. bei mittlerer Hitze anbraten. Butter in die Pfanne geben, den Fisch wenden und noch 1 Min. braten. Den Wirsing mit je 2 Fischstücken auf Tellern anrichten.

KANINCHEN IN SPECK AUF BOHNENGEMÜSE

gart fast von alleine

Für 4 Personen:
4 Kaninchenrückenfilets (à ca. 120 g)
3 Stängel Estragon (oder Thymian)
1 EL Dijon-Senf • Salz • Pfeffer
150 g Parmaschinken (in dünnen Scheiben)
4 EL Olivenöl • 4 Tomaten
1 Zwiebel • 2 Knoblauchzehen
1 Stängel Thymian • 4 Salbeiblätter
1 Dose weiße Bohnen (ca. 850 g Abtropfgewicht)
200 ml Hühnerbrühe

Zubereitungszeit: 50 Min.
Pro Portion: ca. 535 kcal

1 Backofen auf 80° vorheizen. Kaninchenfleisch kalt abspülen und trocken tupfen. Estragon oder Thymian waschen, trocken schütteln, Blättchen hacken. Filets mit Senf bestreichen, mit Kräutern bestreuen, salzen und pfeffern. Fest in je 1 Scheibe Parmaschinken (evtl. 2 leicht überlappend) wickeln. 2 EL Öl in einer ofenfesten Pfanne erhitzen, Filets rundum 1 Min. anbraten. Pfanne in den Ofen (Mitte, Umluft nicht empfehlenswert) stellen. Filets 40 Min. garen.

2 Inzwischen Tomaten kreuzweise einritzen, heiß überbrühen, häuten und vierteln. Von Kernen befreien und würfeln. Zwiebel und Knoblauch schälen und mit dem übrigen Schinken würfeln. Thymian und Salbei waschen, trocken schütteln und hacken.

3 Die Bohnen in ein Sieb abgießen und abtropfen lassen. 2 EL Öl erhitzen, Zwiebel, Knoblauch, Schinken und Kräuter darin bei schwacher Hitze andünsten. Bohnen und Brühe dazugeben und zugedeckt 5 Min. köcheln. Tomaten dazugeben, alles salzen und pfeffern, zugedeckt bei ganz schwacher Hitze 2 Min. ziehen lassen. Bohnen auf Teller verteilen. Die Rouladen schräg in Stücke schneiden und darauf anrichten. Dazu schmeckt Brot oder Polenta (s. S. 23).

Da staunen garantiert alle, wenn unter der dicken Salzdecke saftigster Fisch zum Vorschein kommt, so aromatisch, dass man kaum etwas dazu braucht. Was keiner ahnt: Die Kruste ist keine Hexerei, allerdings ist hier klar im Vorteil, wer früher schon gerne Kuchen im Sandkasten gebacken hat.

LACHSFORELLE IN SALZKRUSTE
einfach, aber super edel

Für 4 Personen:
1 küchenfertige Lachsforelle
(ausgenommen, nicht geschuppt,
ca. 1,5 kg)
1 Bio-Limette
1 Bund Koriandergrün (ca. 50 g)
5 Stängel Dill
3 kg grobes Meersalz
200 g Mehl
4 Eiweiß
120 ml gutes, kalt gepresstes Olivenöl
Salz • Pfeffer

Zubereitungszeit: 30 Min.
Garzeit: 40 Min.
Pro Portion: ca. 680 kcal

1 Die Forelle unter fließendem kaltem Wasser säubern und innen und außen mit Küchenpapier trocken tupfen. Die Limette halbieren, eine Hälfte in Scheiben schneiden. Kräuter waschen und trocken schütteln. 5 Stängel Koriandergrün, den Dill und die Limettenscheiben gleichmäßig im Fischbauch verteilen.

2 Den Backofen auf 200° vorheizen. Zwei Bögen Alufolie (ca. 40 cm länger als der Fisch) überlappend auf einem Blech auslegen. Meersalz und Mehl mischen, dann die Eiweiße und nach und nach ca. 150 ml Wasser untermischen, dabei das Salz immer wieder zwischen den Händen zerreiben. Es sollte nur feucht, auf keinen Fall klebrig oder pappig nass sein.

3 Gut ein Drittel bis knapp die Hälfte der Salzmasse auf der Alufolie im Blech als »Sockel« auslegen, etwas größer als der Fisch, und leicht andrücken. Den Fisch darauflegen. Jetzt das übrige Salz vorsichtig auf dem Fisch verteilen, bis er rundum bedeckt ist. Dabei darauf achten, dass kein Salz in die Bauchhöhle gelangt. Salzmasse leicht andrücken und die Fischform mit den Händen nachmodellieren. Überstehende Folie so nach innen rollen, dass sie einen Rand für den Fisch bildet. Das Blech in den Ofen schieben (Mitte, Umluft 180°) und den Fisch 40 Min. garen.

4 Inzwischen für das Öl vom übrigen Koriandergrün die Blättchen abzupfen und grob hacken. Mit dem Olivenöl fein pürieren. Die übrige Limettenhälfte auspressen. Das Öl mit Salz, Pfeffer und 1–2 TL Limettensaft abschmecken.

5 Das Blech aus dem Ofen nehmen. Den Fisch gut mit einem Geschirrtuch festhalten und mit einem Brotmesser an der Salzkruste ringsherum einen »Deckel« aufsägen. Die Kruste vorsichtig aufbrechen und abnehmen. Die Haut des Fisches lösen (darauf achten, dass keine Salzbröckchen auf das Fischfleisch gelangen), in der Kruste filetieren und von den Gräten lösen. Auf Teller verteilen. Mit dem Korianderöl, neuen Pellkartoffeln, Salzkartoffeln oder Kartoffelschnee (aus durchgepressten Salzkartoffeln) servieren.

Wenn ich keine Forelle bekomme?

Genau so gut schmecken Lachs, Wolfsbarsch, Dorade oder Zander.

THAI-HUHN IN KOKOSMILCH

mild und cremig

Für 4 Personen:
400 g Hähnchenbrustfilet
je 1 rote und gelbe Paprikaschote
2 kleine Zucchini
400 ml Kokosmilch (aus der Dose)
1–1 1/2 EL rote Thai-Currypaste
   (Asienladen)
3-4 EL Fischsauce (Asienladen)
10 Kaffirlimettenblätter
2 Stängel Thai-Basilikum
1 TL brauner Zucker
1 1/2 TL frisch gepresster Limettensaft

Zubereitungszeit: 40 Min.
Pro Portion: ca. 155 kcal

1 Das Hähnchenfleisch in schmale Streifen schneiden. Die Paprikaschoten halbieren, putzen, waschen und in 3 cm große Stücke schneiden. Die Zucchini waschen, putzen, längs halbieren und in dünne Scheiben schneiden.

2 Einen Wok oder Topf erhitzen. Von der Kokosmilch 2–3 EL von dem dicken, festen »Rahm« an der Oberfläche abnehmen und im heißen Wok unter Rühren schmelzen und leicht bräunen lassen. Currypaste dazugeben und unter Rühren 1 Min. anbraten. Die übrige Kokosmilch dazugießen und mit 3 EL Fischsauce würzen.

3 Fleisch und Limettenblätter dazugeben und einmal kurz aufkochen lassen. Die Hitze reduzieren, das Gemüse dazugeben und zugedeckt bei schwacher Hitze 10–12 Min. köcheln, bis es gar ist. Inzwischen das Basilikum waschen, trocken schütteln, die Blätter abzupfen und grob zerschneiden. Das fertige Curry mit Zucker, Limettensaft und evtl. Fischsauce abschmecken und mit Basilikum bestreuen. Heiß mit Jasmin- oder Duftreis servieren.

Lust auf etwas anderes? Fernweh inklusive? Klar, der direkte Weg führt da zum Asiaten um die Ecke. Mit einem kleinen Umweg über den Asienladen, wo es die paar Extrazutaten für den besonderen Kick gibt, lässt sich aber auch in den eigenen vier Wänden Ungewöhnliches zaubern.

GEDÄMPFTER FISCH AUS DEM BRATSCHLAUCH

kalorienarm · superaromatisch

Für 4 Personen:
700 g festfleischiges Fischfilet (z. B. Dorsch) • Salz • Pfeffer
2 große, dicke Möhren
200 g Zuckerschoten
120 g Shiitakepilze
8 Kaffirlimettenblätter
1 Stück frischer Ingwer (ca. 4 cm)
1 Knoblauchzehe • 1 rote Chilischote
3 EL Sojasauce
2 EL Fischsauce (Asienladen)
4 EL frisch gepresster Limettensaft
1 EL brauner Zucker
2 Stängel Thai-Basilikum
1 Bratschlauch

Zubereitungszeit: 25 Min.
Garzeit: 25 Min.
Pro Portion: ca. 190 kcal

1 Den Fisch kalt abspülen, trocken tupfen, in gleichmäßig große Stücke schneiden und leicht salzen und pfeffern. Möhren schälen und in 8 cm lange Stücke, diese in ganz dünne Streifen oder Stifte schneiden. Zuckerschoten waschen, putzen und längs in schmale Streifen schneiden. Die Pilze ohne die Stiele in schmale Streifen schneiden. Limettenblätter waschen.

2 Den Backofen auf 180° vorheizen. Ingwer und Knoblauch schälen, den Ingwer in feine Streifen schneiden. Die Chilischote halbieren, Kerne herauskratzen, dann die Schote winzig klein würfeln. Soja- und Fischsauce, Limettensaft, Zucker, Ingwer und Chili verrühren, den Knoblauch dazupressen. Die Hälfte der Sauce mit dem Gemüse und den Limettenblättern mischen.

3 Den Bratschlauch nach Packungsangabe zuschneiden, eine Seite zubinden. Das Gemüse einfüllen, den Fisch darauf verteilen und mit übriger Würzsauce beträufeln. Den Bratschlauch zubinden und einschneiden, auf ein Backblech legen und alles im Ofen (unten, Umluft nicht empfehlenswert) 25 Min. garen.

4 Inzwischen das Basilikum waschen, die Blätter abzupfen und in Streifen schneiden. Den Bratschlauch aus dem Ofen nehmen und aufschneiden. Gemüse und Fisch auf eine Platte heben, mit Basilikum bestreuen. Sofort mit (Jasmin-)Reis servieren.

LAMMCURRY MIT CASHEWNÜSSEN
indisch gewürzt

Für 4 Personen:
750 g Lammfleisch (aus der Keule)
150 g Joghurt • Salz • 1/2 TL Kurkuma
1/4–1/2 TL Chilipulver
1 1/2 TL Garam Masala
5 Kardamomsamen
1 große Zwiebel • 2 Knoblauchzehen
1 Stück frischer Ingwer (ca. 3 cm)
2 EL Butterschmalz • 4 Gewürznelken
50 g Cashewnusskerne
250 g passierte Tomaten (Tetrapak)
1/2 TL Zucker

Zubereitungszeit: 20 Min.
Marinieren: 3 Std.
Garzeit: 1 Std. 30 Min.
Pro Portion: ca. 570 kcal

1 Fett und Sehnen vom Lammfleisch wegschneiden, dann das Fleisch in 3 cm große Stücke schneiden. Joghurt mit 1/2 TL Salz, Kurkuma, Chili und 1 TL Garam Masala verrühren. Die Kardamomkapseln aufschneiden, die schwarzen Samen herauskratzen und mit einem schweren Messer anquetschen oder im Mörser grob zermahlen. Mit dem Lammfleisch unter den Joghurt mischen und zugedeckt im Kühlschrank mindestens 3 Std. marinieren.

2 Die Zwiebel schälen und fein würfeln. Knoblauch und Ingwer schälen, beides möglichst fein hacken. Das Butterschmalz in einem Topf erhitzen, die Zwiebel mit den Nelken darin langsam goldgelb andünsten.

Ingwer und Knoblauch 1–2 Min. unter Rühren mitdünsten, dann das Fleisch samt Joghurt dazugeben und bei starker Hitze unter Rühren 2 Min. braten. Zugedeckt bei schwacher Hitze 1 Std. schmoren, dabei in den ersten 10 Min. mehrmals umrühren.

3 Die Cashewkerne an der Bruchstelle in der Mitte halbieren. Mit den Tomaten unter das Lammfleisch rühren und weitere 30 Min. garen. Mit Salz und Zucker abschmecken und zu (Basmati-)Reis servieren. Wer will, kann noch frisch gehacktes Koriandergrün über das Curry streuen.

HUHN IN HONIG-ZITRONEN-SAUCE
orientalisch raffiniert

Für 4 Personen:
1 Hähnchenbrustfilets (à ca. 180 g)
3/4 TL gemahlener Kreuzkümmel
1/2 TL Kurkuma • 1/4 TL Chilipulver
2–3 EL frisch gepresster Zitronensaft
6 EL Olivenöl • 1 Knoblauchzehe
1 Bund Koriandergrün
1/2 Bund Petersilie
2 Zwiebeln • Salz • Pfeffer
1/4 l Hühnerbrühe
2 EL Rosinen • 2 TL Honig

Zubereitungszeit: 50 Min.
Marinierzeit: 6 Std.
Pro Portion: ca. 370 kcal

1 Die Hähnchenfilets trocken tupfen, doppelte Filets in der Mitte längs halbieren. Die Gewürze mit 2 EL Zitronensaft und 5 EL Öl verrühren. Knoblauch schälen und dazupressen. Die Kräuter waschen und trocken schütteln, mit den Stielen möglichst fein hacken. Die Zwiebeln schälen, ganz klein würfeln und mit den Kräutern unter das Würzöl mischen. Das Fleisch gut in der Marinade wenden und in einer Schüssel zugedeckt mindestens 6 Std. im Kühlschrank marinieren (geht auch über Nacht).

2 Das Fleisch aus der Marinade nehmen, diese gut abstreifen und beiseitestellen.

Die Fleischstücke salzen und pfeffern. Das übrige Öl in einem breiten Topf oder Bräter erhitzen, das Fleisch darin bei starker Hitze rundherum braun anbraten, dann herausnehmen.

3 Die Brühe in den Topf gießen, Rosinen mit der Marinade unterrühren und aufkochen lassen. Offen bei mittlerer Hitze 2 Min. köcheln. Den Honig einrühren, das Fleisch wieder einlegen und zugedeckt bei schwacher Hitze 25–30 Min. garen, dabei 2- bis 3-mal wenden. Evtl. mit Zitronensaft abschmecken, mit Basilikum bestreuen und heiß zu Couscous oder Fladenbrot servieren.

Das ultimative Lieblingsrezept von Oma macht schon ein bisschen Arbeit: Das Fleisch dünn klopfen und mit Belag gleichmäßig aufrollen. Darum am besten gleich ein paar mehr machen – zum Üben. Und das wusste schon die Großmama: Aufgewärmt schmecken Rouladen noch besser.

RINDSROULADEN MIT SPECK-GURKEN-FÜLLUNG
Klassiker

Für 6 Personen:
6 Scheiben Rindsroulade (à ca. 180 g)
2 1/2 EL Dijon-Senf
Salz • Pfeffer
3 dicke Scheiben magerer Räucher-
speck (100 g)
3 Zwiebeln
100 g Essiggurken (aus dem Glas)
3 EL Mehl
1 große Möhre
150 g Knollensellerie
1/2 Stange Lauch
6 EL Sonnenblumenöl
100 ml Rotwein (ersatzweise Brühe)
400 ml Rinderbrühe oder -fond
Holzspieße oder Rouladenklammern

Zubereitungszeit: 40 Min.
Garzeit: 1 Std. 30 Min.
Pro Portion: ca. 505 kcal

1 Die Rouladen zwischen zwei Blättern Frischhaltefolie mit dem Fleischklopfer dünn und flach klopfen (geht auch mit dem Nudelholz). Gleichmäßig mit dem Senf bestreichen, salzen und pfeffern.

2 Den Speck quer in feine Streifen schneiden. Die Zwiebeln schälen und längs halbieren. 1 Zwiebel längs in schmale Streifen schneiden, den Rest fein würfeln. Die Essiggurken der Länge nach in dünne Stifte schneiden. Speck-, Gurken und Zwiebelstreifen quer über die gesamte Länge der Rouladenstücke verteilen, dann die Rouladen so eng und gleichmäßig wie möglich aufrollen und mit Spießchen oder Klammern feststecken. Die Rouladen salzen und pfeffern und rundum mit Mehl bestäuben, überschüssiges Mehl abklopfen.

3 Möhre und Sellerie schälen und in kleine Würfel schneiden. Lauch waschen, putzen und in Ringe schneiden. 3 EL Öl in einem Bräter oder breiten Topf erhitzen, die Rouladen darin rundherum bei starker Hitze 2 Min. anbraten, herausnehmen.

4 Das übrige Öl in den Bräter geben. Die Zwiebelwürfel darin bei mittlerer Hitze andünsten. Das Gemüse dazugeben und weitere 4–5 Min. unter Rühren dünsten. Dann mit der Hälfte vom Wein ablöschen. Sobald der Wein verdampft ist, den Rest dazugießen und ebenfalls verdampfen lassen. Nun die Brühe dazugießen, alles salzen und pfeffern. Die Rouladen in den Topf legen und zugedeckt bei schwacher Hitze 1 Std. 30 Min. garen, dabei mehrmals wenden. Die fertigen Rouladen aus dem Topf nehmen und in Alufolie schlagen. Die Sauce bei starker Hitze 2–3 Min. einkochen lassen, dann durch ein Sieb streichen. Die Rouladen in die Sauce legen und darin heiß werden lassen.

APFELKREN ZUM TAFELSPITZ

erfrischend scharf

Für 6 Personen:
500 g Äpfel
2 EL Weißweinessig
50 ml Apfelsaft
ca. 80 g frische Meerrettichwurzel
Salz • Zucker

Zubereitungszeit: 20 Min.
Pro Portion: ca. 55 kcal

1 Die Äpfel schälen, vierteln und vom Kerngehäuse befreien, anschließend auf einer Gemüsereibe grob raffeln. Sofort mit Essig mischen und mit dem Apfelsaft in einen Topf geben. Bei schwacher Hitze offen in 5 Min. leicht weich dünsten, nach Wunsch mit dem Pürierstab pürieren.

2 Inzwischen den Meerrettich schälen, fein reiben und sofort unter die warme Apfelmasse mischen. Mit Salz und Zucker mischen und lauwarm oder kalt zum Tafelspitz servieren.

... wenn ich nur Tafelspitzbrühe will?

Die Brühe ohne Tafelspitz (s. S. 87) 1 Std. 30 Min. weiterkochen und durch ein Sieb abgießen. Evtl. noch ein paar Min. offen einkochen lassen, so wird sie intensiver. Anschließend mit Salz, Pfeffer und Muskat abschmecken.

Das duftet wie in guten alten Zeiten, wenn am Sonntagvormittag der Geruch von Fleischbrühe durchs Haus zog. Die gab es mit Einlage vorneweg. Und dann wurde der Tafelspitz aufgetragen, mit Kren und Bratkartoffeln – ach glückliches Wien ...

TAFELSPITZ
Klassiker aus Österreich

Für 4–6 Personen:
1 kg Rinderbeinscheiben oder Quer-
rippe
2–3 Markknochen
Salz • 1 TL weiße Pfefferkörner
1 Zwiebel
1 großes Bund Suppengrün
1 1/2 kg Tafelspitz
Salz • frisch geriebene Muskatnuss

Zubereitungszeit: 20 Min.
Garzeit: 3 Std. 30 Min.
Pro Portion (bei 6): ca. 530 kcal

1 Fleisch und Knochen unter fließendem kaltem Wasser waschen. In einen Topf geben, gut mit Wasser bedecken. Aufkochen, dann Knochen und Fleisch in ein Sieb abgießen und kalt abbrausen. Den Topf auswaschen, Fleisch und Knochen hineingeben. 3 l Wasser, 1 TL Salz und den Pfeffer hineingeben. Zugedeckt bei schwacher Hitze 1 Std. kochen, gelegentlich mit einem Schaumlöffel den Schaum abnehmen.

2 Die Zwiebel quer halbieren, mit den Schnittflächen nach unten in einer Pfanne rösten, bis sie dunkel bräunt, herausnehmen. Suppengrün waschen, putzen und in Stücke schneiden. Tafelspitz kalt abwa-

schen und mit Gemüse und Zwiebel zur Brühe geben. Bei schwacher Hitze 2 Std. 30 Min. garen, dabei während der ersten 30 Min. ab und zu den Schaum abschöpfen.

3 Nach Garzeitende den Topf vom Herd nehmen und den Tafelspitz noch 30 Min. in der Brühe ruhen lassen, dann herausnehmen. Knochen, übriges Fleisch und Gemüse entfernen. Die Brühe durch ein Sieb gießen, evtl. etwas entfetten und mit Salz und Muskat würzen. Tafelspitz quer zur Faser in Scheiben schneiden, auf eine tiefe Platte geben und mit 2–3 Schöpfkellen Brühe übergießen. Heiß servieren.

GRIESSNOCKERL FÜR DIE SUPPE
feine Klößchen

Für ca. 25 Stück:
1/4 l Milch
1 EL Butter
Salz • frisch geriebene Muskatnuss
100 g Hartweizengrieß
1 Bund Schnittlauch
2 Eier

Zubereitungszeit: 25 Min.
Pro Stück: ca. 30 kcal

1 Die Milch mit Butter in einem Topf aufkochen lassen, mit Salz und Muskat würzen, dann den Grieß unter ständigem Rühren einrieseln lassen. Bei schwacher Hitze 5 Min. quellen lassen, dabei ab und zu umrühren.

2 Inzwischen den Schnittlauch waschen, trocken schütteln und in Röllchen schneiden. Grieß vom Herd nehmen und die Hälfte vom Schnittlauch sowie nacheinander die Eier gründlich unterrühren.

3 Nun mit zwei Teelöffeln kleine Nocken formen (die Löffel dazu immer erst in kaltes Wasser tauchen, damit die Klößchen nicht kleben bleiben) und bereitstellen (am besten auf Backpapier, von dem sie sich dann gut lösen lassen).

4 Die Fleischbrühe aufkochen lassen, dann die Hitze reduzieren. Nockerl vorsichtig in die schwach kochende Brühe geben und in 5 Min. gar ziehen lassen. Mit der Brühe auf Teller verteilen und mit übrigem Schnittlauch bestreuen.

Ein Sommer in der Provence, strahlend blauer Himmel, duftender Lavendel und der kleine Gasthof ... Ganz schlicht gegart, aber mit vielen Kräutern und Knoblauch gewürzt, schmeckt dieser Braten einfach nur nach Sonne und Urlaub.

PROVENZALISCHE **LAMMKEULE**

auch für Gäste

Für 4–6 Personen:
1 Lammkeule mit Knochen (ca. 2 kg)
1 Bund Thymian
3 Stängel Rosmarin
4 Knoblauchzehen
100 g weiche Butter
2 EL körniger Senf
Salz • Pfeffer
2 Zwiebeln
1 Möhre
1 Stange Staudensellerie
2 Tomaten
200 ml Lammfond
1/2 l Rotwein
1–2 EL Crème fraîche (nach Belieben)

Zubereitungszeit: 30 Min.
Garzeit: 1 Std. 45 Min.
Pro Portion (bei 6): ca. 690 kcal

1 Den Backofen auf 200° vorheizen. Die Keule trocken tupfen, Sehnen und große Fettstücke wegschneiden. Die Kräuter waschen und trocken schütteln. Die Hälfte vom Thymian beiseitelegen, vom Rest die Blättchen abzupfen. Die Rosmarinnadeln abzupfen und mit den Thymianblättchen fein hacken. Knoblauch schälen, 2 Zehen fein hacken. Butter mit gehacktem Knoblauch, Kräutern und Senf gut mit einer Gabel vermengen.

2 Die Keule rundherum mehrmals mit einem spitzen Messer ca. 3 cm tief einstechen. Jeweils eine nussgroße Menge Kräuterbutter hineinstecken. Keule salzen und pfeffern, dann die Hälfte der übrigen Butter auf der Keule verteilen und leicht andrücken. Keule in einen Bräter oder ein tiefes Blech legen. Zwiebeln schälen und in Spalten schneiden. Möhre schälen, Sellerie und Tomaten waschen und putzen. Alles in Stücke schneiden. Das Gemüse um die Keule herumlegen. Alles im Ofen (Mitte Umluft 180°) 15 Min. braten. Inzwischen den übrigen Knoblauch in Scheiben schneiden.

3 Die Hitze auf 180° (Umluft 160°) reduzieren. Keule wenden und mit übriger Butter belegen oder bestreichen. Übrige Thymianstängel und Knoblauchscheiben zum Gemüse geben. Fond und 1/4 l Wein angießen und alles 1 Std. 30 Min. weitergaren. Dabei immer wieder etwas Wein nachgießen und die Keule mit Bratensaft begießen.

4 Die Keule aus dem Ofen nehmen und zugedeckt 10 Min. ruhen lassen. Inzwischen die Sauce durch ein Sieb in einen Topf gießen und bei starker Hitze in 3–4 Min. um ein Drittel einkochen. Mit Salz und Pfeffer abschmecken; wer möchte, rührt noch etwas Crème fraîche unter. Die Keule aufschneiden und mit der Sauce servieren. Dazu passen Brat- oder Ofenkartoffeln und Salat.

Keule ohne Knochen?

Wer lieber eine ausgelöste Keule zubereiten möchte – kein Problem: Entsprechend eine ca. 1,3 kg schwere entbeinte Keule beim Metzger bestellen. Genauso vorbereiten, dabei etwas Butter hineingeben und evtl. mit Küchengarn zusammenbinden, damit sie gut zusammenhält. Die Garzeit verkürzt sich dann um 15 Min.

SCHINKEN-SÄCKCHEN MIT MOZZARELLA

klein und fein · schnell gemacht

Für 4 Portionen:
3 EL Mandelblättchen
3 EL Pinienkerne
1 TL gewürfeltes Orangeat
1 getrocknete Chilischote
4 Stängel Petersilie
2 Stängel Basilikum
4 EL Olivenöl · Salz · Pfeffer
2 Kugeln Mozzarella (250 g)
8 große Scheiben Parmaschinken
1 Charentais-Melone (ersatzweise
  Honigmelone)

Zubereitungszeit: 20 Min.
Pro Portion: 480 kcal

1 Mandeln und Pinienkerne in einer Pfanne ohne Fett rösten, bis sie hell bräunen und duften. Orangeat winzig fein schneiden, die Chilischote fein zerbröseln. Die Kräuter waschen, trocken schütteln und fein hacken. Alles mit Öl mischen, salzen und pfeffern.

2 Den Mozzarella gründlich trocken tupfen. Jede Kugel halbieren, die Hälften in Scheiben schneiden. Je 2 Schinkenscheiben kreuzförmig übereinanderlegen. Darauf in die Mitte je ein Viertel der Mozzarellascheiben leicht dachziegelartig übereinander legen. Die Würzmasse gleichmäßig darauf verteilen. Die Schinkenenden oben zusammenfassen und vorsichtig zu einem Säckchen drehen.

3 Die Melone vierteln, entkernen, die Viertel aus der Schale schneiden. Das Fruchtfleisch in dünne Spalten schneiden, auf Teller verteilen und mit Pfeffer übermahlen. Die Säckchen dazu anrichten.

Mehr Lust auf Faulenzen als auf Kochen? Lieber raus an den See, Eis essen oder Radfahren? Unbedingt! Dann entfällt der Sonntagsbraten um Punkt 12 eben. Aber etwas Kleines, Feines wäre schon ganz nett, egal, ob mittags oder abends, oder?

TSATSIKI-TERRINE MIT TOMATENSALAT
erfrischend · gut vorzubereiten

Für 4 Personen:
1 Bio-Salatgurke • Salz
2 Blatt weiße Gelatine
1 Bund Dill
1 Knoblauchzehe
250 g Magerquark
150 g Joghurt • Pfeffer
3 Fleischtomaten
1 TL Dijon-Senf
1 TL Honig
2 EL Weißweinessig
4 EL Olivenöl

Zubereitungszeit: 35 Min.
Kühlzeit: 5 Std.
Pro Portion: ca. 195 kcal

1 Die Gurke waschen, längs halbieren und die Kerne mit einem Teelöffel herauskratzen. Das Gurkenfleisch auf der Gemüsereibe grob raspeln, leicht salzen und 30 Min. Wasser ziehen lassen.

2 Inzwischen die Gelatine in kaltem Wasser einweichen. Den Dill waschen und trocken schütteln, die Hälfte der Spitzen fein hacken. Knoblauch schälen. Quark und Joghurt verrühren, Knoblauch dazupressen und Dill unterrühren, leicht salzen und pfeffern.

3 Eine rechteckige Form (1 l Inhalt) mit Klarsichtfolie auslegen. Die Gelatine ausdrücken und in einem kleinen Topf bei schwacher Hitze auflösen. 2 EL Quark-Joghurt-Masse damit verrühren und erwärmen, dann zur übrigen Quark-Joghurt-Creme geben und zügig unterrühren. Die Gurkenraspel in ein Sieb geben, gut mit den Händen ausdrücken und sofort unter die Creme heben. Creme in die Form füllen und abgedeckt mindestens 5 Std. im Kühlschrank gelieren lassen.

4 Gut 30 Min. vor dem Servieren die Tomaten kreuzweise einritzen, mit heißem Wasser überbrühen, häuten und vierteln. Kerne entfernen und das Fruchtfleisch klein würfeln. Senf, Honig, Essig und Öl verrühren und mit den Tomaten mischen, 30 Min. ziehen lassen. Den übrigen Dill hacken, mit den Tomaten mischen, salzen und pfeffern. Die Terrine aus dem Kühlschrank nehmen, stürzen, die Folie abziehen und die Terrine in Scheiben schneiden. Mit etwas Tomatensalat anrichten.

ROTE ZWIEBELSUPPE MIT ZIEGENKÄSE-CROÛTONS

Klassiker neu aufgelegt

Für 4 Personen:
400 g rote Zwiebeln
50 g Butter
3 Stängel Thymian
1 EL Mehl
1 l Rinderbrühe (ideal: selbst
  gemachte, s. S. 87)
80 ml Weißwein (nach Belieben)
Salz • Pfeffer
4 runde Ziegenfrischkäse (à ca. 25 g)
4 dicke Scheiben Baguette

Zubereitungszeit: 35 Min.
Pro Portion: ca. 330 kcal

1 Die Zwiebeln schälen und in dünne Ringe schneiden. Butter in einem Topf erhitzen, Zwiebeln darin bei schwacher Hitze 10 Min. andünsten, gelegentlich umrühren.

2 Inzwischen den Thymian waschen und trocken schütteln. Die Blättchen abzupfen und fein hacken. Die Hälfte zu den Zwiebeln geben, Mehl darüberstäuben und kurz mitdünsten. Dann die Brühe und nach Belieben den Weißwein dazugießen, aufkochen und bei schwacher Hitze 15 Min. köcheln lassen. Die Suppe mit Salz und Pfeffer abschmecken.

3 Inzwischen den Backofen auf 225° vorheizen. Den Ziegenkäse auf die Baguette-scheiben legen und mit dem Messer leicht andrücken. Den Backofengrill zuschalten, Baguettescheiben auf ein Blech setzen und im heißen Ofen (oben) 5 Min. überbacken, bis der Käse leicht bräunt. Mit Pfeffer übermahlen. Die Suppe auf Teller verteilen, die Brotscheiben einlegen und den übrigen Thymian darüberstreuen.

... und wenn ich's lieber klassisch mag?

Für die Suppe den Thymian weglassen und statt roter braune Zwiebeln nehmen. 100 g Gruyère-Käse fein reiben und auf 8 dünne Baguettescheiben legen. Wie beschrieben unter dem Backofengrill in 5 Min. überbacken, bis der Käse schmilzt und hell bräunt.

CROQUE MONSIEUR MIT SCHINKEN UND KÄSE

blitzschnell • Bistro-Klassiker

Für 4 Personen:
2 Scheiben gekochter Schinken
  (à ca. 40 g)
200 g Gruyère-Käse (4 Scheiben
  à ca. 25 g und 100 g am Stück)
8 Scheiben Toastbrot
Pfeffer

Zubereitungszeit: 25 Min.
Pro Portion: ca. 330 kcal

1 Den Backofen auf 220° vorheizen. Die Schinkenscheiben halbieren und je 1 Hälfte mit 1 Käsescheibe auf 4 Toastscheiben legen. Die anderen Toasts darauflegen und leicht festdrücken. Auf ein mit Backpapier ausgelegtes Backblech legen und im Ofen (Mitte, Umluft 200°) 6–8 Min. backen, bis das Brot goldgelb bräunt. Inzwischen das Käsestück fein reiben.

2 Das Backblech herausnehmen und die Toastbrote mit geriebenem Käse bestreuen. Wieder in den Ofen schieben und weitere 6–8 Min. überbacken, bis der Käse goldgelb und geschmolzen ist. Herausnehmen, mit Pfeffer übermahlen und sofort mit einem grünen Salat servieren.

Wenn ich's nicht so klassisch möchte?

Brandheiß aus Paris: 150 g Crème légère mit der abgeriebenen Schale von 1/2 Bio-Zitrone, 2 TL Zitronensaft und 1/2 Bund in Röllchen geschnittenem Schnittlauch verrühren, salzen und pfeffern. Die Creme auf 4 etwas dickere, größere Scheiben helles Sauerteigbrot streichen. Darauf je 1 große Scheibe Räucherlachs (oder noch besser Reste des gegarten Lachses von S. 140) legen, darüber 2 kleine in Scheiben geschnittene Tomaten. Mit 4 Brotscheiben zudecken. Wie beschrieben mit Käse bestreuen und im 220° heißen Ofen 8 Min. überbacken.

LAUWARMER **SÜSSKARTOFFEL-SALAT**

raffiniert & ungewöhnlich

Für 4 Personen:
800 g Süßkartoffeln (Bataten)
1 Knoblauchzehe
4 Stängel Thymian
4 EL Olivenöl
Salz • Pfeffer
100 ml Aceto balsamico
50 g Zucker
500 g Kirschtomaten
1 großes Bund Rucola
40 g Parmesan am Stück

Zubereitungszeit: 30 Min.
Backzeit: 40 Min.
Pro Portion: ca. 385 kcal

1 Den Backofen auf 200° vorheizen. Die Süßkartoffeln schälen, waschen und in 1 1/2 cm große Würfel schneiden. Knoblauch schälen und in Scheiben schneiden. Thymian waschen und trocken schütteln, die Blättchen abzupfen und grob hacken. Alles mit dem Öl mischen, salzen, pfeffern und auf ein mit Backpapier ausgelegtes Blech geben. Im Ofen (Mitte Umluft 180°) in 35–40 Min. garen, dabei 2- bis 3-mal durchrühren.

2 Inzwischen Essig und Zucker in einen Topf geben und unter häufigem Rühren bei mittlerer bis starker Hitze in 8–10 Min.

cremig einkochen lassen, vom Herd nehmen. Währenddessen die Tomaten waschen und halbieren. Rucola waschen, trocken schütteln und harte Stiele wegschneiden. Parmesan in grobe Späne hobeln.

3 Die Kartoffeln aus dem Ofen nehmen und gut lauwarm abkühlen lassen, dann mit den Tomaten und Rucola anrichten. Mit der Balsamicocreme beträufeln, mit Parmesan bestreuen und mit Pfeffer grob übermahlen. Den Salat evtl. nochmals salzen und warm servieren.

Nur einen Salat oder doch noch was Warmes? Unentschiedene wählen den
goldenen Mittelweg und einen dieser beiden Salate. Auch wegen der nicht ganz
alltäglichen Sonntags-Zutaten. Bleibt nur die Qual, welchen von beiden ...

RINDFLEISCHSALAT MIT GLASNUDELN

leicht · frisch

Für 4 Personen:
350 g Rindersteak oder -filet
2 rote Chilischoten
1 Knoblauchzehe
2 EL Erdnuss- oder Sonnenblumenöl
100 g Glasnudeln
1 Bio-Salatgurke
1/2 Ananas (ca. 500 g)
2–3 EL Fischsauce (Asienladen)
4 EL Sojasauce • 1/4 TL Zucker
je 3 Stängel Thai-Basilikum und Minze
3 Frühlingszwiebeln
3 EL geröstete, gesalzene Erdnüsse (nach
  Belieben)
Saft von 1/2 Limette

Zubereitungszeit: 45 Min.
Marinieren: 1 Std.
Pro Portion: ca. 410 kcal

1 Fleisch trocken tupfen und in schmale, mundgerechte Scheiben schneiden. Chilischoten halbieren, entkernen und fein hacken. Knoblauch schälen und hacken. Alles mit 1 EL Öl mischen, zugedeckt 1 Std. kühl stellen.

2 Inzwischen die Glasnudeln nach Packungsangabe zubereiten, in ein Sieb abgießen, kalt überbrausen und abtropfen lassen. Die Gurke waschen, Schale abwechselnd nur streifenweise zur Hälfte abschälen, Gurke längs halbieren und Kerne mit einem Löffel herauskratzen. Die Gurke in 3 mm dicke Scheiben schneiden. Die Ananas längs achteln, den Strunk herausschneiden, das Fruchtfleisch aus der Schale schneiden und ebenfalls in Scheiben schneiden.

3 1 EL Öl in einer beschichteten Pfanne erhitzen. Das marinierte Fleisch darin rundherum braun braten, mit jeweils der Hälfte Fisch- und Sojasauce ablöschen, Zucker unterrühren und vom Herd nehmen.

4 Kräuter waschen, trocken schütteln und in feine Streifen schneiden. Frühlingszwiebeln waschen, putzen und mit dem Grün in Ringe schneiden. Erdnüsse nach Belieben grob hacken. Die Nudeln mit dem Fleisch in der Pfanne mischen, Gurke, Ananas, Zwiebeln und Kräuter unterheben und mit Limettensaft und übriger Soja- und Fischsauce abschmecken. Auf Teller verteilen und mit den Nüssen bestreuen. Der Salat schmeckt lauwarm oder kalt.

KINDERALARM

... wenn es Kindern schmecken soll

HEISSE SCHOKOLADE MIT SAHNE
im Sommer eisgekühlt

Für 4 Tassen:
100 g Zartbitterschokolade
800 ml Milch
1 Päckchen Vanillezucker
2 EL Zucker
120 g Sahne
bunte Schokolinsen zum Bestreuen

Zubereitungszeit: 15 Min.
Pro Tasse: ca. 395 kcal

1 Die Schokolade mit einem großen Messer klein hacken. Die Milch in einem Topf bei mittlerer Hitze heiß werden, aber nicht kochen lassen, ab und zu umrühren. Schokolade, Vanillezucker und 1 EL Zucker dazugeben. Mit dem Schneebesen rühren, bis die Schokolade geschmolzen ist.

2 Die Sahne mit dem übrigen Zucker mit dem Handrührgerät steif schlagen. Die Schokolade auf hohe Tassen verteilen, jeweils 1 Klecks Sahne daraufgeben und mit Schokolinsen bestreuen.

Sommervariante – Eisschokolade

Die Schokolade wie beschrieben zubereiten, allerdings 1 l Milch verwenden. Gut abkühlen lassen, in Gläser füllen und jeweils 1 Kugel Vanilleeis hineingeben.

Wir haben Hunger! Wenn die Kinder gerade frisch vom Spielplatz, Kindergarten, der Schatzsuche oder der Erkundung fremder Planeten in der Wohnung gelandet sind, hilft oft nur eines: schnell was Kleines.

ERDNUSS-**KNUSPER-COOKIES**

gehören immer in den Vorrat

Für ca. 25 Stück:
100 g Erdnüsse mit Honig-Salz-Mantel
(Fertigprodukt; ersatzweise normale
Erdnusskerne)
100 g weiche Butter
125 g brauner Zucker
3 EL Erdnusscreme (ca. 100 g)
1 Päckchen Vanillezucker
150 g Mehl • 1/2 TL Backpulver

Zubereitungszeit: 20 Min.
Backzeit: 15 Min.
Pro Stück: ca. 120 kcal

1 Den Backofen auf 175° vorheizen. Die Erdnüsse mit einem Messer grob hacken. Die Butter in kleine Stücke schneiden, in eine Rührschüssel geben und mit den Quirlen des Handrührgeräts cremig rühren, dabei nach und nach den Zucker dazugeben. Erdnusscreme und Vanillezucker unterrühren. Mehl und Backpulver mischen und mit den Erdnüssen mit einem Löffel gut unter die Creme heben.

2 Mit einem Teelöffel kleine Nocken vom Teig abnehmen und mithilfe eines zweiten Teelöffels auf ein mit Backpapier ausgelegtes Blech geben. Genügend Abstand zwischen den Häufchen lassen, die Cookies zerlaufen. Im Ofen (Mitte, Umluft 160°) in 15 Min. goldbraun backen. Aus dem Ofen nehmen, kurz stehen lassen, dann auf einem Kuchengitter vollständig auskühlen lassen. Die abgekühlten Cookies halten sich gut 10 Tage in einem luftdicht schließenden Glas oder einer Dose.

BÄRENHUNGER-**MINI-SANDWICHES**

toller Pausensnack

Für 16 Stück:
1 Stück Bio-Salatgurke (ca. 4 cm)
1 Bund Dill
200 g Joghurt Frischkäse
Salz • edelsüßes Paprikapulver
16 Pumpernickeltaler
1 Beet Kresse
2 EL saure Sahne
4 Scheiben Toast- oder Sandwichbrot
2 dicke Scheiben junger Gouda
2 Scheiben gekochter Schinken

Zubereitungszeit: 25 Min.
Pro Stück: ca. 85 kcal

1 Die Gurke gut waschen und in 8 dicke Scheiben schneiden. Den Dill waschen, trocken schütteln, die Spitzen fein hacken und unter den Frischkäse mischen. Mit Salz und Paprikapulver abschmecken. Die Pumpernickeltaler gleichmäßig mit Frischkäse bestreichen. Auf 8 Taler je 1 Gurkenscheibe legen, die übrigen Taler mit der Käseseite nach unten darauflegen, leicht festdrücken.

2 Die Kresse vom Beet schneiden und mit der sauren Sahne verrühren. Creme auf 2 Toastscheiben streichen, je 1 Scheibe Käse und Schinken darauflegen. Die übrigen Brote darüberlegen und leicht festdrücken. Brote diagonal vierteln.

... wenn die Kinder vom Spielplatz kommen

Die Rollen sind genau das Richtige für hungrige Kids. Die Zeit, bis sie fertig sind, lässt sich damit überbrücken, dass alle mitmachen: den Teig einschneiden, mit Senf und Eigelb bepinseln oder Schnittlauch schneiden. Das Backen selbst ist spannend, weil sich der Blätterteig so schön aufplustert.

BLÄTTERTEIGROLLEN MIT WÜRSTCHEN
prima Snack oder Abendessen

Für 6 Stück:
300 g TK Blätterteig (6 Teigplatten)
1 Eigelb
1/2 Bund Schnittlauch
3 TL Senf
6 Wiener Würstchen
3 EL frisch geriebener Allgäuer
  Emmentaler

Zubereitungszeit: 25 Min.
Backzeit: 20 Min.
Pro Stück: ca. 460 kcal

1 Den Backofen auf 200° vorheizen. Teigplatten aus der Packung nehmen und getrennt auf einem Kuchengitter antauen lassen. Inzwischen das Eigelb verrühren. Den Schnittlauch waschen, trocken schütteln und in feine Röllchen schneiden.

2 Die Teigplatten in der Mitte dünn mit Senf bestreichen, in 2 cm breitem Abstand mit langen Schnitten einschneiden. Schnittlauch daraufstreuen. Den Rand dünn mit Eigelb bepinseln. Würstchen mittig längs über die Schnitte legen und mit Käse bestreuen. Eine Teigseite über das Würstchen auf die andere Seite klappen und mit einer Gabel am Rand festdrücken. Die Schnitte dabei leicht auseinanderziehen, sodass etwas Würstchen zu sehen ist.

3 Die Würstchenrollen auf ein mit Backpapier ausgelegtes Blech legen. Übriges Eigelb mit 1 EL Wasser verquirlen und die Rollen damit bestreichen. Dann im Ofen (Mitte, Umluft 180°) in 20 Min. goldbraun und knusprig backen. Heiß servieren.

Variante mit Lauch und Schinken

120 g Lauch längs halbieren, waschen, putzen und in dünne Ringe schneiden. In einer kleinen Pfanne in 1 TL heißer Butter in 3 Min. leicht bräunen, abkühlen lassen. Inzwischen Blätterteig wie beschrieben auftauen. 50 g Allgäuer Emmentaler fein reiben. 100 g gekochten Schinken klein würfeln. Abgekühlten Lauch, Schinken und Käse mischen, mit Pfeffer und Muskat würzen. Blätterteigplatten ringsum am Rand mit Eigelb bestreichen und die Masse mittig darauflegen. Die Platten zu Dreiecken (bei quadratischen Platten) oder rechteckigen Päckchen (bei rechteckigen Platten) falten. Den Rand festdrücken. Die Rollen wie oben beschrieben mit Eigelb bepinseln und backen.

Variante mit Kräuterquark

250 g Magerquark mit 1 Eigelb verrühren und mit Salz, Pfeffer, 1/2 TL edelsüßem Paprikapulver und 1/3 TL gemahlenem Kümmel würzen. 3 EL frisch gehackte Kräuter (z. B. Schnittlauch, Petersilie und Dill) unterrühren. Die Masse wie in der Variante mit Lauch und Schinken verarbeiten.

PIZZA-GRUNDTEIG
luftig-weicher Kinderteig

Für 1 Backblech:
1 Würfel Hefe (ca. 42 g)
1/2 TL Zucker
1/4 l Milch
500 g Mehl (Type 405)
1 TL Salz
80 g weiche Butter
Fett für das Blech

Zubereitungszeit: 20 Min.
Ruhezeiten: 1 Std. 10 Min.
Insgesamt: 2555 kcal

1 Die Hefe in ein Schälchen zerbröckeln, mit Zucker bestreuen und 50 ml lauwarme Milch darübergießen. Zugedeckt 10 Min. gehen lassen.

2 Das Mehl in einer Schüssel mit Salz mischen. Die Butter in Flöckchen schneiden und darauf verteilen. Hefeansatz und die übrige lauwarme Milch dazugeben und mit den Knethaken des Handrührgeräts zu einem glatten Teig rühren. 5 Min. lang weiter mit dem Rührgerät oder 8 Min. möglichst kräftig von Hand kneten.

3 Den Teig zu einer Kugel formen, in eine mit Mehl ausgestäubte Schüssel geben und mit einem Geschirrtuch abgedeckt an einem warmen Ort 1 Std. gehen lassen.

4 Vor dem Verarbeiten den Teig nochmals kräftig von Hand durchkneten. Auf einem gefetteten Blech auslegen und einen Rand formen. Darauf kommen dann Tomatensugo und Belag!

Wie viele Kalorien hat ein Stück Pizza?
Bei 12 Stück hat 1 Stück Pizza, durchschnittlich belegt mit dem Tomatensugo von Seite 103, 300 g Emmentaler und 400 g Schinken, ca. 380 kcal.

Dann heißt es einfach: Pizza per tutti. Schon beim Teigkneten können alle mit anpacken und kräftig kneten. Anschließend darf dann jeder seine eigene Ecke Lieblingspizza ganz nach Lust und Laune belegen.

TOMATENSUGO FÜR DRAUF

macht man, während der Teig geht

Für 1 Backblech:
1 Dose geschälte Tomaten (800 g)
1 Knoblauchzehe
2 EL Olivenöl
1 TL getrockneter Oregano
Salz • Pfeffer • Zucker
Chilipulver (nach Belieben)

Zubereitungszeit: 15 Min.
Insgesamt: ca. 345 kcal

1 Die Tomaten in ein Sieb abgießen, dabei den Saft auffangen. Tomaten leicht abtropfen lassen und in grobe Stücke schneiden. Den Knoblauch schälen und fein hacken. Das Öl in einem Topf erhitzen, Knoblauch darin anbraten. Tomaten und Oregano dazugeben, umrühren und offen bei mittlerer Hitze in 10 Min. leicht einkochen lassen.

2 Den Tomatensugo mit Salz, Pfeffer, Zucker und nach Belieben Chilipulver würzen. Wer will, kann ihn zusätzlich noch fein pürieren; gleichmäßig auf dem ausgerollten Teig verteilen. Dann mit Belagzutaten nach Wunsch belegen und die Pizza im vorgeheizten Ofen erst bei 240° (Mitte, Umluft 220°) 10 Min. backen, dann die Hitze auf 200° (Umluft 180°) reduzieren und weitere 40 Min. backen. Dabei den Käse erst 10–15 Min. vor Backzeitende daraufgeben, damit er nicht verbrennt.

Was lege ich auf die Pizza?

Hier haben alle freie Wahl. Kinder mögen besonders einen Belag aus 2 in dünne Streifen geschnittenen Paprikaschoten, 250 g in Scheiben geschnittenen Champignons, 400–500 g klein gewürfelter Salami, Kabanossi oder gekochtem Schinken. Darüber kommen dann ca. 300 g frisch geriebener Emmentaler. »Erwachsener« wird's mit zusätzlichen Zwiebelringen, abgetropften grünen Oliven oder Peperoni.

*Hier sind alle Toastkünstler dieser Welt gefragt, von ganz klein bis groß.
Jeder darf mitmachen. Wer partout nicht kochen will, kann ja schon mal den
Tisch decken, denn essen möchte die leckeren Toasts garantiert jeder!*

4 × ÜBERBACKENER TOAST

heiß geliebt · Klassiker

Für 12 Stück:

12 Scheiben Toastbrot
3 Scheiben Ananas (aus der Dose)
2 kleine Bananen
2 kleine Tomaten
*je 1 kleine rote und grüne Paprika-
 schote*
2 kleine Debreziner-Würstchen
200 g Frischkäse
5 EL Mayonnaise
1 Bund Schnittlauch
1 TL mildes Currypulver
6 Scheiben gekochter Schinken
3 Scheiben geräucherte Putenbrust
1 TL getrockneter Oregano
*12 Scheiben Allgäuer Emmentaler oder
 Butterkäse (ca. 60 g)*

Vorbereitungszeit: 15 Min.
Backzeit: 8 Min.
Pro Stück (im Schnitt): ca. 450 kcal

1 Die Toastscheiben im Toaster hellbraun rösten – das können schon mal ein oder zwei Kinder übernehmen. Inzwischen die Beläge für den Toast vorbereiten; je nach Alter können die Kids das selbst machen, oder die Mama hilft, wo's nötig ist.

2 Die Ananasscheiben in ein Sieb geben und abtropfen lassen, dann, falls gewünscht, in Stücke schneiden. Die Bananen schälen und in Scheiben schneiden. Die Tomaten waschen, trocknen und in Scheiben schneiden. Die Paprikaschoten halbieren, putzen, waschen und in schmale Streifen schneiden. Die Würstchen in Scheiben schneiden. Inzwischen den Backofen auf 200° (Umluft 180°) vorheizen.

3 Frischkäse und Mayonnaise gut verrühren und in zwei Schüsselchen verteilen. Den Schnittlauch waschen, trocken schütteln und in Röllchen schneiden. Gut die Hälfte davon unter eine Portion Frischkäse rühren, unter die andere Portion das Currypulver. Damit jeweils 6 der getoasteten,

abgekühlten Brotscheiben bestreichen (dabei einen Rand lassen).

Wie belege ich die Toasts?

Auf 3 Scheiben Curryfrischkäse-Toast Ananas und Schinken legen, auf die anderen 3 Bananen und Putenbrust – wer will, streut noch Schnittlauch drüber.
Auf 3 Scheiben mit Schnittlauch-Frischkäse Tomaten – darüber Oregano bröseln – und darauf 3 Scheiben Schinken, auf die anderen 3 Scheiben Paprikastreifen und Würstchen legen.
Am Ende auf alle Toasts Käse legen. Toasts auf ein Blech legen und im heißen Ofen (oben) 6–8 Min. backen, bis der Käse zu laufen anfängt und schön bräunt. Und dann schnell auf den Tisch damit!
Wer sich nicht an die Vorschläge halten mag, wandelt nach Lust, Laune und Vorräten ab.

KARTOFFELPUFFER MIT APFELMUS

die schmecken immer · im Bild rechts

Für 2 Erwachsene und 2 Kinder:
1,2 kg festkochende Kartoffeln
1 Zwiebel
2 Eier
2 EL Kartoffel- oder Speisestärke
Salz · Pfeffer
Sonnenblumenöl oder Butterschmalz
*   zum Braten*

Zubereitungszeit: 1 Std.
Pro Portion: ca. 250 kcal

1 Die Kartoffeln schälen und auf der Gemüsereibe fein reiben. Die Zwiebel schälen und klein würfeln. Beides mit Eiern, Stärke, 1 TL Salz und Pfeffer mit den Kartoffeln mischen.

2 In einer großen Pfanne 3 EL Öl oder Schmalz erhitzen und pro Puffer 2 schwach gehäufte EL Kartoffelmasse hineingeben. Die Masse dabei mit dem Löffel leicht flach drücken. Bei mittlerer Hitze 4–5 Min. braten, bis die Puffer leicht gebräunt sind, wenden und von der anderen Seite in wei-

teren 4–5 Min. knusprig braun braten. So die gesamte Kartoffelmasse verarbeiten. Fertige Puffer evtl. im Ofen bei 60° warm halten. Möglichst frisch mit selbst gemachtem Apfelmus oder Apfelkompott (s. S. 107) servieren.

*Spätestens wenn der Schulranzen in die Ecke fliegt, heißt es: Mama, Hunger!
Wo bleibt das Essen? Bei Kartoffelpuffern kein Problem. Die sind gut vorzubereiten,
kommen punktgenau in die Pfanne und kurz darauf knusprig braun auf den Tisch.*

GEMÜSERÖSTI MIT LAUCHQUARK

Gemüse schlau verpackt · im Bild links

Für 2 Erwachsene und 2 Kinder:
500 g festkochende Kartoffeln
200 g Möhren · 150 g Knollensellerie
1 große Zwiebel
2 Eier
2 EL Kartoffel- oder Speisestärke
Salz · Pfeffer · 1 Stange Lauch
125 g Magerquark · 125 Schmant
2 EL Sesamsamen
Sonnenblumenöl zum Braten

Zubereitungszeit: 45 Min.
Pro Portion: ca. 305 kcal

1 Kartoffeln, Möhren und Sellerie schälen und auf einem Gemüsehobel in möglichst lange, dünne Streifen hobeln. Die Zwiebel schälen, längs halbieren und in feine Streifen schneiden. Gemüse und Zwiebel mit dem Majoran mischen, anschließend gründlich mit den Eiern und der Stärke vermengen, leicht salzen und pfeffern.

2 Den Lauch waschen, putzen und in feine Ringe schneiden. In ganz leicht kochendem Salzwasser knapp 1 Min. garen, in ein Sieb abgießen, kalt abbrausen und gut abtropfen lassen. Quark und Schmant verrühren, salzen und pfeffern. Den Lauch unterheben. Sesamsamen in einer Pfanne ohne Fett rösten, bis sie duften. Etwas abkühlen lassen und über den Quark streuen.

3 Reichlich Öl in einer beschichteten Pfanne erhitzen, etwas Gemüse-Kartoffel-Masse hineingeben und leicht flach drücken. Von beiden Seiten in je 2–3 Min. goldbraun backen. Auf diese Weise den Teig portionsweise aufbrauchen. Fertige Puffer auf Küchenpapier abtropfen lassen (evtl. im Backofen bei 60° warm halten) und mit dem Quark servieren.

FRISCHES APFELMUS

oder Apfelkompott

Für 2 Erwachsene und 2 Kinder:
1 Bio-Zitrone
750 g Äpfel (z. B. Boskop oder Fallobst)
1/4 l Apfelsaft (oder Wasser)
1 Stange Zimt
80 g Zucker

Zubereitungszeit: 30 Min.
Pro Portion: ca. 210 kcal

1 Die Zitrone heiß waschen, abtrocknen und von der Schale ein Stück abschneiden. Zitrone halbieren und auspressen. Die Äpfel schälen, putzen, vierteln und die Kerngehäuse entfernen. Die Apfelviertel in kleine Stücke schneiden und sofort in einem Topf mit 3 EL Zitronensaft mischen. Zitronenschale, Apfelsaft, Zimtstange und Zucker zu den Äpfeln geben und verrühren.

2 Die Äpfel bei schwacher bis mittlerer Hitze 15 Min. kochen lassen. Wer ein Kompott mit Stückchen möchte, nimmt sie jetzt vom Herd, füllt sie in eine Schüssel und lässt sie kalt werden. Für Mus Zimtstange und Zitronenschale entfernen, die Äpfel mit dem Pürierstab pürieren. Egal, ob Kompott oder Mus: am besten lauwarm oder gerade abgekühlt zu den Puffern genießen.

KLASSISCHE **TOMATENSAUCE**

passt zu allen langen Nudeln

Für 2 Erwachsene und 2 Kinder:
1 Zwiebel
1 Knoblauchzehe
2 EL Olivenöl
1 Dose geschälte Tomaten (800 g)
1 TL getrockneter Oregano
1 Lorbeerblatt
Salz • Pfeffer
Zucker

Zubereitungszeit: 10 Min.
Garzeit: 30 Min.
Pro Portion: ca. 90 kcal

1 Zwiebel schälen und fein würfeln. Knoblauch schälen und hacken. Öl in einem Topf erhitzen, beides darin bei schwacher bis mittlerer Hitze in 5 Min. dünsten.

2 Tomaten samt Saft dazugeben und im Topf grob zerteilen. Oregano und Lorbeerblatt unterrühren, mit Salz und Pfeffer würzen. Offen bei mittlerer Hitze 25–30 Min. köcheln lassen, dabei gelegentlich umrühren. Wenn die Sauce dicklich eingekocht ist, mit Salz, Pfeffer und 1 Prise Zucker abschmecken, nach Wunsch pürieren.

Variante mit Thunfisch

Die Sauce kochen, nicht pürieren und nicht abschmecken. 1 EL Kapern und evtl. 2–3 in Salz eingelegte, abgespülte Sardellen fein hacken. 1 Dose Thunfisch im eigenen Saft (ca. 130 g Abtropfgewicht) abgießen und abtropfen lassen. Alles mit 2 EL gehackter Petersilie unter die Sauce mischen und heiß werden lassen. Dann die Sauce mit Salz, Pfeffer und evtl. 1 Spritzer Zitronensaft abschmecken.

Sahnige Variante mit Erbsen

Die Sauce ohne Zwiebeln und Oregano 15 Min. kochen. 200 g TK-Erbsen gefroren unterrühren. 10–15 Min. weiterkochen. Unter die fertige Sauce 200 g Sahne rühren, heiß werden lassen und nochmals würzen. 3 EL in Streifen geschnittenes Basilikum darüberstreuen.

SAUCE **BOLOGNESE**

der andere Klassiker, den alle lieben

Für 2 Erwachsene und 2 Kinder:
1 Möhre • 1 Stange Staudensellerie
1 Zwiebel • 2 Knoblauchzehen
50 g durchwachsener Räucherspeck
2 EL Olivenöl
300 g gemischtes Hackfleisch
1 TL getrockneter Oregano
1 Dose geschälte Tomaten (400 g)
100 ml Rotwein (oder Brühe)
100 ml Fleischbrühe • Salz • Pfeffer

Zubereitungszeit: 20 Min.
Garzeit: 1 Std.
Pro Portion: ca. 355 kcal

1 Die Möhre schälen. Sellerie waschen und putzen. Zwiebel schälen. Alles möglichst klein würfeln. Den Knoblauch schälen und fein hacken. Den Speck klein würfeln.

2 Das Öl in einem breiten Topf erhitzen, Speck, Zwiebel, Gemüse und Knoblauch darin bei mittlerer Hitze 2–3 Min. anbraten, bis der Speck zu bräunen beginnt. Das Hackfleisch dazugeben, Oregano darüberstreuen und das Fleisch mit einem Holzlöffel immer wieder zerteilen und mit dem Gemüse vermengen, bis es leicht braun und krümelig gebraten ist.

3 Die Tomaten samt Saft dazugeben und im Topf mit dem Kochlöffel zerteilen. Wein und Brühe dazugießen, salzen, pfeffern und zugedeckt bei schwacher Hitze 1 Std. köcheln lassen, dabei ab und zu umrühren. Vor dem Servieren nochmals mit Salz und Pfeffer abschmecken.

SCHWEINEFLEISCH-PAPRIKA-**SPIESSCHEN**

gut vorzubereiten · schnell gemacht

Für 8 Spießchen:
2 dicke Schweineschnitzel (ca. 500 g)
1 gelbe Paprikaschote
8 Kirschtomaten
3 EL Olivenöl
1 TL getrockneter Oregano
1/2 TL edelsüßes Paprikapulver
Salz • Pfeffer
Olivenöl zum Braten

Zubereitungszeit: 35 Min.
Marinieren: 2 Std.
Pro Spießchen: ca. 125 kcal

1 Das Fleisch trocken tupfen. Erst in 2 cm breite Streifen, diese in 2 cm große Würfel schneiden. Die Paprikaschote halbieren, putzen und waschen. Längs in 2 cm breite Spalten, diese in 2 cm große Stücke schneiden. Die Kirschtomaten waschen und trocken reiben.

2 Je 1 Tomate auf ein Holzspießchen stecken. Dann je 4 Fleischwürfel und Paprikastücke im Wechsel auf die Spieße ziehen.

3 In einem Schälchen 3 EL Olivenöl mit Oregano und Paprikapulver verrühren.

Damit die Spieße gleichmäßig von allen Seiten einpinseln. Zugedeckt im Kühlschrank 2 Std. marinieren.

4 Spieße aus dem Kühlschrank nehmen, und nochmals rundherum mit Würzöl bepinseln. Wenig Öl in einer beschichteten Pfanne erhitzen, die Spießchen darin von allen vier Seiten jeweils 2 Min. braten. Rundherum bei mittlerer Hitze nochmal 2–4 Min. braten, bis das Fleisch schön gebräunt und auch direkt am Spieß durchgebraten ist. Vom Herd nehmen, salzen, pfeffern und gleich servieren.

BUNTER **KONFETTI-REIS**

mögen auch Gemüsemuffel

Für 2 Erwachsene und 2 Kinder:
1 rote Paprikaschote
2 dicke Möhren
1 Zwiebel
2 EL Olivenöl
100 g TK-Erbsen
250 g Rundkornreis (oder Risottoreis)
900 ml Gemüsebrühe
6 Stängel Petersilie
Salz • Pfeffer
2 EL Butter

Zubereitungszeit: 40 Min.
Pro Portion: ca. 350 kcal

1 Die Paprikaschote halbieren, putzen und waschen und in 1 cm große Stücke schneiden. Die Möhren schälen und putzen und in knapp 1 cm große Würfel schneiden. Die Zwiebel schälen und fein hacken.

2 Das Öl in einem Topf erhitzen, die Zwiebel darin andünsten. Möhren und Paprika 2 Min. unter Rühren mitdünsten. Gefrorene Erbsen und Reis dazugeben, 1 Min. anbraten, dann die Brühe unterrühren. Offen bei mittlerer Hitze 20 Min. garen, bis die Flüssigkeit aufgesogen ist.

3 Inzwischen die Petersilie waschen, trocken schütteln und fein hacken. Den Reis mit Salz und Pfeffer abschmecken, die Butter unterziehen und die Petersilie unterheben.

Wozu essen wir den Reis?

Der Reis schmeckt als Beilage und als Hauptgericht. Dann sollten Erwachsene noch frisch geriebenen Parmesan und Kinder geriebenen Allgäuer Emmentaler darüberstreuen – dazu gibt's natürlich noch einen großen Salat!

PFANNKUCHEN – SÜSS UND HERZHAFT

der Klassiker schlechthin

Für 2 Erwachsene und 2 Kinder:
220 g Mehl
Salz
2–3 EL Zucker (für süße Pfannkuchen)
400 ml Milch
4 Eier
Öl oder Butterschmalz zum Braten

Zubereitungszeit: 35 Min.
Quellzeit: 15 Min.
Pro Portion: ca. 425 kcal (süß)
ca. 380 kcal (herzhaft)

1 Das Mehl mit 1 Prise Salz (und evtl. Zucker) in einer Schüssel mischen. Mit dem Schneebesen nach und nach die Milch unterrühren (sollte der Teig Klümpchen haben, evtl. kurz mit den Quirlen des Handrührgeräts glatt rühren). Dann die Eier sorgfältig unterschlagen und den Teig zugedeckt 15 Min. quellen lassen.

2 Wenig Öl oder Butterschmalz in einer beschichteten Pfanne zerlassen. 1 Schöpfkelle Teig hineingeben und durch Schwen-

ken der Pfanne zügig verteilen. Bei mittlerer Hitze backen. Sobald der Teig fest und an den Rändern leicht gebräunt ist, wenden und fertigbacken. Fertige Pfannkuchen am besten auf einem Teller im 60° warmen Backofen stapeln, dann alle zusammen servieren.

Da freuen sich alle schon auf dem Nachhauseweg, denn Pfannkuchen mag einfach jeder. Wer keine Lust hat, eine Füllung zu machen: Mit Marmelade oder Schokocreme bestrichen oder herzhaft mit Käse bestreut schmecken sie ebenfalls prima.

HIMBEERQUARK FÜR SÜSSE PFANNKUCHEN

fruchtig-leicht

Für 2 Erwachsene und 2 Kinder:
200 g Himbeeren (frisch oder TK)
1 TL frisch gepresster Zitronensaft
4 EL flüssiger Honig
100 g Sahne
250 g Magerquark
ausgekratztes Mark von 1/2 Vanilleschote

Zubereitungszeit: 20 Min.
Pro Portion: ca. 205 kcal

1 Die Himbeeren verlesen, waschen und vorsichtig trocken tupfen. Circa 50 g beiseitelegen. Den Rest mit Zitronensaft pürieren und durch ein Sieb streichen. Das Püree gut mit dem Honig verrühren.

2 Die Sahne mit den Quirlen des Handrührgeräts steif schlagen. Den Quark mit dem Vanillemark und dem Himbeerpüree verrühren. Anschließend die übrigen Beeren und die Schlagsahne unterrühren. Zu süßen, mit Zucker zubereiteten Pfannkuchen servieren.

MAIS-HACKFLEISCH FÜR HERZHAFTE PFANNKUCHEN

Sattmacher-Rolle

Für 2 Erwachsene und 2 Kinder:
1 Dose Mais (ca. 250 g Abtropfgewicht)
1 dicke Möhre
4 Stängel Petersilie
1 Schalotte
2 EL Olivenöl
300 g gemischtes Hackfleisch
1 EL Tomatenmark
Salz • Pfeffer
1/2 TL edelsüßes Paprikapulver
60 ml Fleischbrühe

Zubereitungszeit: 25 Min.
Pro Portion: ca. 285 kcal

1 Den Mais in ein Sieb geben und abtropfen lassen. Die Möhre schälen, putzen und auf der Gemüsereibe grob raspeln. Die Petersilie waschen, trocken schütteln und die Blättchen fein hacken. Die Schalotte schälen und fein hacken.

2 Das Öl in einer Pfanne erhitzen, Schalotte und Möhre darin andünsten. Das Hackfleisch dazugeben und bei starker Hitze braten, bis es krümelig wird und leicht bräunt, dabei immer wieder mit einem Holzlöffel zerteilen. Das Tomatenmark unterrühren, mit Salz, Pfeffer und Paprikapulver würzen, dann die Brühe unterrühren.

3 Bei schwacher Hitze 8 Min. garen, dann den Mais dazugeben und 2 Min. mitgaren. Zum Schluss die Petersilie unterrühren. Das Hackfleisch in herzhafte Pfannkuchen (ohne Zucker zubereitet) einrollen. Wer will, streut vor dem Aufrollen noch etwas geriebenen Gouda über die Füllung.

ERDNUSS-HÄHNCHEN-NUGGETS
für die Geburtstagsparty · im Bild rechts

Für 6–8 Kinder:
600 g Hähnchenbrustfilet
Salz · Pfeffer
120 g Cornflakes
60 g geröstete, gesalzene Erdnüsse
2 Eier
1/4 TL edelsüßes Paprikapulver
6 EL Mehl

Zubereitungszeit: 25 Min.
Backzeit: 20 Min.
Pro Portion (bei 8): ca. 220 kcal

1 Das Hähnchenfleisch in ca. 5 cm große Stücke oder in ca. 7 cm lange Streifen schneiden, salzen und pfeffern. Erst die Cornflakes, dann die Erdnüsse im Blitzhacker grob zerkleinern, dann miteinander in einem tiefen Teller mischen. In einem zweiten tiefen Teller die Eier verquirlen und mit Salz, Pfeffer und Paprikapulver würzen. Das Mehl ebenfalls in einen tiefen Teller geben.

2 Den Backofen auf 200° vorheizen, ein Backblech mit Backpapier auslegen. Die Hähnchenstücke oder -streifen erst in Mehl wenden und überschüssiges Mehl leicht abklopfen. Dann durch das Ei ziehen und zuletzt in den Bröseln wenden, diese leicht festdrücken. Nuggets mit etwas Abstand auf das Blech legen. Im Ofen (Mitte, Umluft 180°) in 20 Min. goldbraun backen, dabei nach 10 Min. wenden. Heiß mit Ketchup zum Dippen und evtl. Potatoe-Wedges von S. 115 servieren.

Okay, manchmal müssen es einfach Pommes mit Ketchup und Mayo sein. Aber mindestens genauso gut schmecken selbst gemachte Kartoffelspalten und Hähnchen-Nuggets. Ihr großer Vorteil: Beide kommen ganz ohne Frittierfett aus.

POTATOE-WEDGES AUS DEM OFEN
supereinfach · im Bild links

Für 6 Kinder:
700 g neue Kartoffeln (mehlig- oder
   festkochend)
100 g milde mexikanische Taco-Sauce
   (aus dem Glas)
1 TL Salz

Zubereitungszeit: 15 Min.
Backzeit: 1Std.
Pro Portion: ca. 75 kcal

1 Den Backofen auf 200° vorheizen. Die Kartoffeln gründlich waschen und abbürsten. Anschließend mit der Schale der Länge nach vierteln (große Kartoffeln achteln) und gut mit der Taco-Sauce mischen.

2 Die Kartoffeln gleichmäßig möglichst mit etwas Abstand auf einem mit Backpapier ausgelegten Blech verteilen und mit Salz bestreuen. Im Ofen (Umluft 180°) 50–60 Min. backen, dabei 1- bis 2-mal vorsichtig wenden.

Wie viel essen Kinder eigentlich?

Als Faustregel gilt: Eine Erwachsenenportion macht 2–3 Kindergarten- oder Schulkinder satt. Schlagartig ändert sich das bei Teenagern, die oft sogar die anderthalbfache Erwachsenenportion verdrücken können. Egal in welchem Alter, meistens vertragen Jungs größere Portionen als Mädchen.

Da weiß man, was man hat und vor allem auch, was drinsteckt. Und wer seine Burger selber baut, kann auch noch ganz andere Sachen reinpacken: z. B. geraspelten Käse, frische Gurkenscheiben und Paprikastreifen oder auch etwas Frischkäse unter das Fleisch statt Ketchup drüber.

HAMBURGER ZUM SELBER BAUEN
ideal für den Kindergeburtstag

Für 4 Stück:
1 Zwiebel
400 g Rinderhackfleisch
1 Ei
1 TL Senf
1 EL Semmelbrösel
Salz • Pfeffer
edelsüßes Paprikapulver
2 Tomaten
2 große Essiggurken (aus dem Glas)
8 Blätter Eisbergsalat
4 Burgerbrötchen
Ketchup und Mayonnaise (nach Belieben)
Sonnenblumenöl zum Braten

Zubereitungszeit: 30 Min.
Pro Stück: ca. 385 kcal

1 Die Zwiebel schälen und möglichst fein würfeln. Mit Hackfleisch, Ei, Senf, Semmelbröseln und 2 EL Wasser gut vermengen und mit Salz, Pfeffer und Paprikapulver würzen. Aus dem Hackteig 4 gleichmäßig große flache Plätzchen formen.

2 Für den Belag die Tomaten waschen, quer halbieren, die Stielansätze herausschneiden, dann die Tomaten in dünne Scheiben schneiden. Die Gurken ebenfalls in Scheiben schneiden. Den Salat waschen, trocken tupfen und in Streifen schneiden. Alles separat in Schälchen bereitstellen. Die Brötchen evtl. nach Packungsangabe aufbacken.

3 3 EL Öl in einer beschichteten Pfanne erhitzen, die Burger darin bei mittlerer Hitze pro Seite in 4 Min. schön braun braten. Herausnehmen und auf Küchenpapier abtropfen lassen. Mit Ketchup, Mayonnaise und den übrigen vorbereiteten Zutaten auf den Tisch stellen – jetzt kann sich jeder seinen Lieblingsburger ganz nach Wunsch belegen!

Die Bällchenvariante

Hackbällchen sind der Renner, bei Groß oder Klein – darum dürfen sie auch auf keiner Party fehlen! Für ca. 16 kleine Bällchen 2 Brötchen (auch vom Vortag) in kaltem Wasser einweichen. 2 Zwiebeln schälen und fein hacken. Brötchen gut ausdrücken und fein zerzupfen. Mit Zwiebeln, 800 g gemischtem Hackfleisch, 1 EL Senf, 2 Eiern und 4 EL gehackter Petersilie gut vermengen. Mit Salz, Pfeffer und edelsüßem Paprikapulver würzen und gleich große Bällchen daraus formen. Die Bällchen portionsweise in reichlich Öl bei starker Hitze rundherum 6 Min. anbraten, dann bei mittlerer Hitze weitere 6 Min. braten, damit sie richtig durch sind.

Lust auf Würze?

Etwas mehr Pep bekommt der Hackteig für die Bällchen durch zusätzlich 1 durchgedrückte Knoblauchzehe, 2 EL fein gehackte Kapern und/oder grüne Oliven. Dann außerdem 1 TL getrockneten Oregano anstelle von Petersilie und Tomatenmark anstelle von Senf nehmen.

EXTRA FEIN!

... wenn ich richtig beeindrucken will

RÄUCHERFORELLEN-MOUSSE
schnell · Vorspeise

Für 4–6 Personen:
150 g geräuchertes Forellenfilet (ohne Haut)
8 Stängel Kerbel · 50 g Crème fraîche
1 TL Meerrettich (aus dem Glas)
1 TL frisch gepresster Zitronensaft
Salz · Pfeffer · 100 g Sahne

Zubereitungszeit: 10 Min.
Kühlzeit: 1 Std.
Pro Portion (bei 6): ca. 110 kcal

1 Das Forellenfilet grob zerschneiden. Den Kerbel waschen, trocken schütteln und ganz fein hacken. Forellenfilets mit Crème fraîche, Meerrettich und Zitronensaft mischen und mit dem Pürierstab fein pürieren. Den Kerbel unterrühren und mit Salz und Pfeffer würzen. Die Sahne steif schlagen und unter die Forellencreme heben.

2 Die Creme zugedeckt im Kühlschrank 1 Std. kühlen. Zum Servieren mit zwei Teelöffeln Nocken von der Creme abstechen und formen, dabei die Löffel zwischendurch in kaltes Wasser tauchen.

Wie richte ich die Mousse schön an?
Je 1 Handvoll Wildkräuter-Salat mit etwas Vinaigrette (z. B. von S. 65) auf einen Teller verteilen, darauf die Nocken setzen und je 1 TL Forellenkaviar darübergeben.

KNUSPRIGES PEKANNUSS-PARFAIT
gut vorzubereiten · Dessert

Für 4–6 Personen:
50 g Pekannusskerne
100 g Zucker
200 ml Milch
ausgekratztes Mark von 1 Vanilleschote
2 Eigelb
150 g Sahne
2 Msp. Zimtpulver
1 EL Amaretto (nach Belieben)

Zubereitungszeit: 35 Min.
Kühlzeit: mindestens 5 Std.
Pro Portion: ca. 245 kcal

1 Die Nüsse grob hacken. 40 g Zucker in einem Pfännchen hellbraun karamellisieren. Nüsse mit 2 Gabeln unterrühren und karamellisieren lassen. Möglichst flach auf Backpapier verteilen und abkühlen lassen.

2 Die Milch mit Vanillemark aufkochen und warm halten. Eigelbe (wichtig: es sollte kein Eiweiß mehr daran sein) mit dem übrigen Zucker mit dem Schneebesen weißcremig rühren. Die warme Vanillemilch schöpfkellenweise dazugeben, dabei kräftig weiterrühren. Die Eiermilch in einen Topf geben und langsam unter Rühren erhitzen, bis sie cremig und leicht dicklich wird – sie darf aber nicht kochen, sonst stockt das Eigelb. Creme in eine Schüssel füllen (sind Klümpchen darin, durch ein feines Sieb gießen) und mit den Quirlen des Handrührgeräts bei mittlerer Stufe 15 Min. lang luftig aufschlagen, bis sie abgekühlt ist. Zugedeckt 1 Std. kalt stellen.

3 Inzwischen das Nusskaramell grob hacken. Sahne mit Zimtpulver steif schlagen und mit dem Likör (nach Belieben) unter die gekühlte Creme heben. Die Nüsse daraufstreuen und leicht in die Creme drücken. In eine rechteckige Gefrierdose (ca. 750 ml Inhalt) füllen und mindestens 4 Std. im Tiefkühlfach gefrieren lassen. Zum Servieren die Form kurz in heißes Wasser tauchen, das Parfait stürzen, in Scheiben schneiden und auf Desserttellern anrichten.

Dazu gibt's Himbeersauce
200 g TK Himbeeren mit 3–4 EL Zucker und evtl. 3 EL Himbeergeist in einem Topf kurz aufkochen, durch ein feines Sieb streichen und abkühlen lassen.

Natürlich möchte man das Beste geben, trotzdem sollte es nicht zu ausgefallen und zu exotisch sein. Deshalb gibt es hier ein schönes, ganz klassisches Menü mit Wild als Hauptgang. Extrapunkte bringt die feine Preiselbeersauce.

REHRÜCKEN MIT PREISELBEER-SAUCE
edler Hauptgang

Für 4–6 Personen:
1 Rehrücken (ca. 1,2 kg, vom Metzger
   auslösen und die Knochen klein
   hacken lassen)
3 kleine Zwiebeln
1 große Möhre
150 g Knollensellerie
50 g Lauch
10 Wacholderbeeren
4 Stängel Thymian
2 Stängel Rosmarin
5 EL Sonnenblumenöl
1 EL Tomatenmark
1 EL Mehl
125 ml Rotwein
1 Lorbeerblatt
800 ml Wildfond (aus dem Glas)
Salz • Pfeffer
2 EL Preiselbeeren (aus dem Glas)

Zubereitungszeit: 1 Std. 30 Min.
Garzeiten: 2 Std.
Pro Portion (bei 6): ca. 310 kcal

1 Die Knochen kalt abspülen und trocken tupfen. Zwiebeln schälen und grob würfeln. Möhre und Sellerie schälen und in 1 cm große Würfel schneiden. Lauch waschen, putzen und in 1 cm breite Ringe schneiden. Die Wacholderbeeren anquetschen, die Kräuter waschen.

2 In einem Bräter 3 EL Öl erhitzen. Die Knochen hineingeben und bei mittlerer Hitze rundherum in 10 Min. möglichst braun anbraten, dabei immer wieder mal wenden. Zwiebeln, Gemüse und Wacholderbeeren dazugeben und 3 Min. unter Rühren mitbraten, Tomatenmark unterrühren und 1 Min. weiterbraten, dann das Mehl darüberstäuben. Gut umrühren und ca. ein Drittel vom Wein angießen. Rühren und braten, bis der Wein verdunstet ist. Den übrigen Wein genauso noch zweimal dazugießen und verkochen lassen. Lorbeerblatt, Thymian, 1 Stängel Rosmarin und den Fond unterrühren. Zugedeckt bei schwacher Hitze 2 Std. köcheln lassen.

3 Inzwischen den Ofen auf 80° vorheizen. Das Fleisch kalt abspülen, trocken tupfen und rundherum leicht salzen und pfeffern. 2 EL Öl in einer ofenfesten Pfanne erhitzen. Den übrigen Rosmarin grob zerzupfen und hineingeben, das Fleisch rundherum 2 Min.

anbraten (auch an den Enden, dabei möglichst vorsichtig wenden, nicht mit einer Gabel ins Fleisch stechen!). Die Pfanne mit Alufolie abdecken und das Fleisch im Ofen (Mitte, ohne Umluft) 1 Std. 45 Min. garen.

4 Die Sauce durch ein feines Sieb gießen, dabei das gegarte Gemüse so gut wie möglich durchpressen. Die Sauce offen bei starker Hitze in 8–10 Min. auf gut ein Drittel einkochen lassen. Preiselbeeren unterrühren und die Sauce mit Salz und Pfeffer abschmecken.

Was gibt's dazu?
Besonders gut passen Rotkraut und Spätzle oder Klöße –die gibt's allerdings aus dem Kühlregal. Für das Rotkraut 1/2 Kopf Rotkraut (ca. 900 g) längs halbieren, den Strunk herausschneiden, dann die Krautviertel quer in schmale Streifen schneiden. 1 gewürfelte Zwiebel in 2 EL Butterschmalz (noch besser: Gänseschmalz) glasig dünsten. Rotkraut unter Rühren 1 Min. mitdünsten, dann 3 EL Rotweinessig und 100 ml Rotwein unterrühren, salzen und pfeffern. Zugedeckt bei schwacher Hitze 1 Std. garen, dabei gelegentlich umrühren. Vor dem Servieren 4 EL Preiselbeeren unterrühren und nochmals mit Salz und Pfeffer abschmecken.

WURZELGEMÜSE-SUPPE MIT SPECKCROÛTONS

supereinfach · gut vorzubereiten

Für 8 Personen:
400 g Petersilienwurzeln · 350 g Möhren
300 g Knollensellerie · 1 Stange Lauch
1 große Zwiebel · 60 g Butter
200 ml Weißwein (ersatzweise Brühe)
1 l Gemüsebrühe
8 Scheiben Frühstücksspeck (Bacon)
200 g Sahne · Salz · Pfeffer
frisch geriebene Muskatnuss
1-2 EL Zitronensaft

Zubereitungszeit: 50 Min.
Pro Portion: ca. 415 kcal

1 Die Petersilienwurzeln, Möhren und den Sellerie schälen, putzen und in kleine Würfel schneiden. Den Lauch längs halbieren, waschen und in feine Ringe schneiden. Die Zwiebel schälen und grob würfeln.

2 Die Butter in einem Suppentopf erhitzen, die Zwiebel darin hell andünsten. Das Gemüse dazugeben und 2–3 Min. unter Rühren mitdünsten. Den Wein und die Brühe angießen und alles zugedeckt bei mittlerer Hitze 15–20 Min. garen, bis das Gemüse gar ist.

3 Inzwischen den Frühstücksspeck in eine heiße beschichtete Pfanne geben und bei mittlerer Hitze braten, bis er kross und schön gebräunt ist. Herausnehmen und auf Küchenpapier abtropfen lassen.

4 Sahne in die Suppe gießen, heiß werden lassen, mit Salz, Pfeffer, Muskat und Zitronensaft würzen, dann mit dem Pürierstab schaumig pürieren. Den abgekühlten Speck in Stücke teilen. Die Suppe auf vorgewärmte Teller geben und mit Speck bestreuen.

Ein großes Familienfest beginnt am besten ganz gemütlich: feine Schnittchen zu einem Glas prickelndem Sekt als Aperitif, dann ein Süppchen und ein leichter, kleiner Salat – so bleiben Lust und Laune für den richtig großen Braten!

FELDSALAT MIT PARMESANCRACKERN

einfach, aber besonders

Für 8 Personen:
Für die Cräcker:
120 g Parmesan am Stück
1 gehäufter EL Mehl
1 TL getrockneter Rosmarin
Für den Salat:
300 g Kirschtomaten
400 g Feldsalat • 1 Bund Rucola
1 TL Dijon-Senf
Salz • Pfeffer • Zucker
3 EL Weißweinessig • 6 EL Olivenöl

Zubereitungszeit: 30 Min.
Pro Portion: ca. 150 kcal

1 Den Backofen auf 180° vorheizen. Zwei Backbleche mit Backpapier auslegen. Den Parmesan fein reiben und mit Mehl und Rosmarin mischen (große Nadeln evtl. vorher klein hacken). In 24 Häufchen auf die Bleche geben und mit einem Löffel zu ca. 4 cm großen flachen Kreisen verstreichen, dabei Abstand lassen. Im Ofen (Mitte, Umluft 160) in 5 Min. goldbraun backen. Herausnehmen und abkühlen lassen.

2 Inzwischen die Tomaten waschen und vierteln. Feldsalat und Rucola waschen, putzen und trocken schleudern. Für das

Dressing den Senf mit Salz, Pfeffer, 1–2 Prisen Zucker und Essig verrühren, dann das Öl kräftig unterschlagen. Zum Servieren Rucola, Feldsalat und Tomaten mit dem Dressing mischen, auf Salatteller verteilen und die Cracker in den Salat stecken.

LACHS-CANAPÉS MIT ORANGENBUTTER

zum Begrüßungssekt oder Aperitif

Für 8 Personen:
1/2 Baguette
8 Stängel Dill
1 EL Orangenmarmelade
1/2 TL Dijon-Senf
40 g weiche Butter
1 Orange
8 Scheiben Räucherlachs (ca. 180 g)

Zubereitungszeit: 15 Min.
Pro Stück: ca. 165 kcal

1 Das Brot in 8 dünne Scheiben schneiden. Den Dill waschen und gut trocken schütteln. 8 feine Zweiglein für die Dekoration beiseitelegen, den Rest fein hacken und mit Orangenmarmelade und Senf mit einer Gabel gründlich unter die Butter mengen.

2 Die Schale mit einem scharfen Messer so von der Orange schneiden, dass die weiße Haut mit entfernt wird. Dann die Fruchtfilets herausschneiden. Die Brotscheiben gleichmäßig mit der Butter bestreichen. Lachsscheiben leicht wie zur einer Rosette eindrehen, aufs Brot legen und mit je 1 Orangenspalte und Dill verzieren.

*Dann führt kein Weg am ganz großen Braten vorbei – den lieben alle vom Enkel
bis zum Großpapa. Aber keine Panik, mit der praktischen Niedrigtemperatur-
Garmethode lässt er sich gut vorbereiten und wird fast von alleine butterzart.*

KALBSBRATEN MIT KORIANDERSAUCE
sonntagsfein

Für 8 Personen:
1,8 kg Kalbfleisch (aus der Schulter)
Salz • Pfeffer
150 g Petersilienwurzeln
1 dicke Möhre
2 große Zwiebeln
1 kleines Bund Petersilie
2 EL Korianderkörner
4 EL Sonnenblumenöl
1 EL Tomatenmark
400 ml Weißwein (oder Kalbsfond)
800 ml Kalbsfond (aus dem Glas)
1 EL Speisestärke
200 g Sahne

Zubereitungszeit: 40 Min.
Garzeit: 3 Std. 30 Min.
Pro Portion: ca. 420 kcal

1 Den Backofen auf 120° vorheizen. Das Fleisch kalt abwaschen, trocken tupfen, salzen und pfeffern. Petersilienwurzeln und Möhre schälen und klein würfeln. Zwiebeln schälen und fein würfeln. Petersilie waschen, trocken schütteln und mit den Stielen grob zerschneiden. Korianderkörner im Mörser oder mit einem schweren Gegenstand (z. B. Nudelholz) zerstoßen.

2 Das Öl in einem Bräter erhitzen. Das Fleisch darin bei starker Hitze von beiden Seiten je 3 Min. anbraten, dann auch alle übrigen Seiten kurz anbraten, damit alle Poren geschlossen sind. Vorsichtig herausnehmen (nicht mit einer Gabel o. Ä. einstechen).

3 Gemüse und Zwiebeln ins Bratfett geben und 2–3 Min. unter Rühren andünsten. Koriander und Tomatenmark unterrühren, 2 Min. weiterdünsten. Knapp 50 ml Wein dazugießen und weiterrühren, bis er vollständig verdampft ist. Diesen Vorgang noch zweimal wiederholen, dann Fond und übrigen Wein dazugießen und einmal aufkochen lassen. Die gehackte Petersilie einrühren. Das Fleisch einlegen und im Ofen (unten, Umluft nicht empfehlenswert) 3 Std. 30 Min. garen, dabei mehrmals wenden.

4 Das Fleisch aus der Sauce nehmen und bei 100° im Ofen warm halten. Die Sauce bei starker Hitze offen in 5 Min. einkochen lassen. Durch ein feines Sieb gießen, dabei ruhig so viel Gemüse wie möglich durchpressen. Stärke mit 3 EL kaltem Wasser anrühren. Die passierte Sauce zum Kochen bringen, die Stärke einrühren und 5 Min. bei mittlerer Hitze kochen. Dann die Sahne einrühren, nochmals 5 Min. kochen lassen. Inzwischen das Fleisch aufschneiden, auf einer Platte anrichten und mit der Sauce servieren.

Was serviere ich dazu?

Bandnudeln aus dem Kühlregal und **Kohlrabigemüse.** Dazu 1 kg Kohlrabi schälen und in 1 cm breite Stifte schneiden. 400 ml Gemüsebrühe in einem großen Topf aufkochen, mit Salz, weißem Pfeffer und Muskat würzen. Kohlrabi darin zugedeckt bei mittlerer Hitze in 15 Min. gar dünsten. Zum Servieren mit Petersilie bestreuen.

Der Abschluss der ganzen Schlemmerei muss leicht und fruchtig sein. Und für die zarte Creme ist garantiert noch etwas Platz in den zufrieden satten Bäuchen. Wem das Abfüllen in Gläser zu aufwendig ist: einfach in zwei Schichten in eine Schüssel geben, evtl. mit einer Gabel marmorieren und später Nocken abstechen.

ERDBEER-ZITRONEN-CREME MIT JOGHURT
erfrischend · fruchtig

Für 8 Personen:
4 Blatt weiße Gelatine
1 Bio-Zitrone
500 g Joghurt
80 g Puderzucker
4 Blatt rote Gelatine
250 g Erdbeeren (frisch oder aufgetaute TK-Beeren)
4–7 EL Erdbeersirup (je nach Süße der Beeren; ersatzweise Himbeersirup)
400 g Sahne
1 Päckchen Vanillezucker
evtl. kleine Baisers und Erdbeeren zum Verzieren

Zubereitungszeit: 30 Min.
Kühlzeit: 4 Std.
Pro Portion: ca. 280 kcal

1 Die weiße Gelatine in kaltem Wasser 5 Min. einweichen. Inzwischen die Zitrone heiß waschen, abtrocknen, dann die Schale fein abreiben und den Saft auspressen. Schale und Saft (1 EL zurückbehalten) mit 350 g Joghurt und 40 g Puderzucker verrühren. Die Gelatine ausdrücken und in einem kleinen Topf sanft erhitzen, bis sie geschmolzen ist. 3–4 EL Joghurtcreme löffelweise mit der Gelatine verrühren. Dann die Gelatinemischung mit dem Schneebesen gut unter den übrigen Joghurt rühren. Zugedeckt in den Kühlschrank stellen.

2 Die rote Gelatine ebenfalls 15 Min. einweichen. Die Beeren waschen, putzen und grob zerschneiden, dann mit dem übrigen Zitronensaft fein pürieren. Mit übrigem Joghurt und Puderzucker verrühren. 4 EL Sirup mit der ausgedrückten Gelatine in einem Topf erwärmen. Erst etwas Erdbeercreme wie oben beschrieben mit der Gelatine glatt rühren, dann die Gelatine unter die Creme rühren, evtl. noch Sirup unterrühren. Ebenfalls zugedeckt in den Kühlschrank stellen.

3 Sobald die Cremes zu gelieren beginnen, die Sahne mit dem Vanillezucker steif schlagen. Jeweils die Hälfte gut unter die beiden Cremes heben. Erst die Zitronen-

creme auf acht Gläser oder Schälchen verteilen, dann die Erdbeercreme daraufgeben. Mit Frischhaltefolie abdecken und im Kühlschrank mindestens 4 Std. fest werden lassen. Zum Servieren evtl. zerbröselte Baisers und kleine Erdbeeren auf der Creme verteilen.

Wie organisiere ich so ein Fest?

Bei vielen Gängen und Personen sollte man die Arbeit auf 2 Tage verteilen und sich unbedingt einen Ablaufplan schreiben. Dann am Vortag z. B. schon die Parmesancracker (s. S. 125) für den Salat backen und in eine Dose verpacken, die Butter für die Canapés (s. S. 125), die Suppe (s. S. 124; Sahne und Speck noch weglassen) und das Dessert (bis auf die Deko) zubereiten und gut zugedeckt in den Kühlschrank stellen. Am Festtag mit dem Braten (s. S. 127) anfangen und, während er gart, in Ruhe alle anderen Gänge vorbereiten und auftragen.

Wer mit seinem Dinner Karriere machen möchte, sollte ruhig auf edles Under-statement setzen: Auch auf Führungsebene lieben die meisten Männer auf den Punkt gebratenes Fleisch. Und weil Männer ja angeblich keine Desserts mögen, gibt's danach Käse – allerdings mit fruchtig-würzigem Chutney versüßt.

PFEFFERSTEAK MIT SCHALOTTENBUTTER
einfach gut

Für 4 Personen:
Für die Butter:
3–4 Schalotten (ca. 80 g)
100 g weiche Butter
1 1/2 TL Puderzucker
120 ml Portwein
5 Stängel Thymian
Salz • Pfeffer
Für die Steaks:
1 EL schwarze Pfefferkörner
4 Rinderfiletsteaks (à ca. 200 g)
2 EL Olivenöl
1 EL Butter
Salz

Zubereitungszeit: 30 Min.
Kühlzeit: 4 Std.
Pro Portion: ca. 560 kcal

1 Für die Butter Schalotten schälen und fein würfeln. 1 EL Butter in einem Topf erhitzen, die Schalotten darin andünsten. Puderzucker darüberstreuen, ca. 30 Sek. weitergaren, dann den Portwein dazugießen. Offen bei schwacher Hitze 10–12 Min. kochen lassen, bis die Flüssigkeit fast vollständig verdunstet ist und die Schalotten leicht karamellisieren. Vom Herd nehmen und abkühlen lassen.

2 Thymian waschen und trocken schütteln, die Blättchen abzupfen und fein hacken. Die restliche Butter mit den Quirlen des Handrührgeräts cremig rühren. Thymian und abgekühlte Schalotten unterrühren, salzen und pfeffern. Die Butter auf ein Pergamentpapier geben, mithilfe des Papiers zu einer Rolle formen und im Kühlschrank mindestens 4 Std. kühlen.

3 Für die Steaks die Pfefferkörner im Mörser grob zerstoßen. Steaks trocken tupfen und mit dem Pfeffer würzen. Öl in einer schweren Pfanne (ideal: aus Gusseisen) richtig heiß werden lassen. Die Steaks darin bei starker Hitze beidseitig jeweils 1 Min. anbraten. Die Hitze reduzieren, Butter dazugeben und die Steaks pro Seite weitere 3 Min braten. Vom Herd nehmen, salzen und 2 Min. zugedeckt ruhen lassen.

Zum Servieren die Butter aus dem Pergament nehmen, in Scheiben schneiden und jeweils 1 Scheibe Butter auf 1 Steak legen.

Wie brate ich Steaks auf den Punkt?

Die Anbratzeit bei starker Hitze bleibt immer gleich bei 2 Min. Für ein Medium-Steak dann wie angegeben 2-mal 3 Min. weiterbraten, für ein eher blutiges Rare-Steak nur knapp 2 Min. und für ein durchgebratenes 4 Min. pro Seite.

Und was gibt's dazu?

Wie wär's mit dem Kartoffel-Gemüse-Gratin von S. 32 oder mit Haselnuss-Bohnen: 40 g Haselnüsse auf einem Blech im 200° heißen Ofen (Mitte, ohne Umluft) 10 Min. rösten, abkühlen lassen. Inzwischen 500 g geputzte und quer halbierte Bohnen in kochendem Salzwasser 15 Min. garen, in ein Sieb gießen, kalt abbrausen und abtropfen lassen. (Oder TK-Bohnen nach Packungsangabe garen.) Die Haut von den Nüssen so gut wie möglich abreiben, Nüsse grob hacken. 1 gewürfelte Schalotte in 1 EL Butter andünsten, Bohnen darin heiß werden lassen. Mit dem Saft von 1 Orange ablöschen, salzen, pfeffern. Nüsse und nach Belieben 1–2 EL Haselnussöl unterrühren.

KÄSE MIT SCHARFEM PFLAUMENMUS
statt Dessert · ungewöhnlicher Abschluss

Für 4–6 Personen:
80–100 g unterschiedliche Käse pro
    Person (s. Tipp)
250 g rote Pflaumen · 1 Schalotte
1 Stück frischer Ingwer (ca. 4 cm)
50 g Zucker
3 EL Aceto balsamico
1 EL Cassis (Johannisbeerlikör)
2 Sternanis · grob gemahlener Pfeffer

Zubereitungszeit: 15 Min.
Garzeit: 25 Min.
Pro Portion (bei 6):
Pflaumenmus solo: ca. 60 kcal
mit Käse: ca. 280 kcal

1 Den Käse mindestens 45 Min. vor dem Servieren aus dem Kühlschrank nehmen, damit er sein Aroma voll entfalten kann. Die Pflaumen waschen, halbieren, entsteinen und klein würfeln. Die Schalotte schälen und fein hacken. Ingwer schälen und auf einer Zitrusreibe reiben oder fein hacken.

2 Zucker mit Essig in einem Topf verrühren und unter Rühren erhitzen, damit sich der Zucker gut auflöst. Pflaumen, Schalotten, Cassis, Sternanis und Ingwer dazugeben, leicht aufkochen und bei schwacher Hitze 20–25 Min. kochen, bis die Masse marmeladig einkocht, dabei ab und zu umrühren.

3 Sternanis entfernen. Das Mus kräftig mit Pfeffer übermahlen, dann nur leicht pürieren (es darf noch stückig sein). Abkühlen lassen. Den Käse in Stücke schneiden, auf Tellern mit Pflaumenmus anrichten.

Welchen Käse serviere ich?
Bieten Sie 4–5 Käsesorten an, möglichst unterschiedlich im Aroma. Gut passen milder Brie oder Camembert, kräftiger Blauschimmelkäse wie Roquefort oder Rotschimmelkäse wie Munster. Dazu noch ein Hartkäse wie Manchego und evtl. ein etwas reiferer Ziegenkäse wie ein Crottin.

BLATTSALAT MIT BEERENDRESSING
frisch-fruchtiger Menüauftakt

Für 4 Personen:
150 g TK-Beerenmischung
    (Himbeeren, Heidelbeeren, Rote
    Johannisbeeren)
1 EL Cassis (Johannisbeerlikör)
1 EL Johannisbeergelee
3 EL Himbeeressig (oder Weiß-
    weinessig) · 1 TL Dijon-Senf
4 EL Olivenöl
1 EL Haselnussöl (oder Olivenöl)
Salz · Pfeffer
ca. 300 g gemischte herbe Blattsalate
    und Kräuter (s. Tipp)
frische Himbeeren zum Garnieren

Zubereitungszeit: 20 Min.
Pro Portion: ca. 155 kcal

1 Die Beeren gefroren in einen Topf geben, unter Rühren mit dem Cassis auftauen und leicht zerkochen lassen. In ein feines Sieb geben und mit einem Löffel durchstreichen, das Püree auffangen und abkühlen lassen.

2 Inzwischen Johannisbeergelee, Essig und Senf in einem hohen Rührgefäß verrühren. Das leicht abgekühlte Beerenpüree dazugeben und alles mit dem Pürierstab aufschlagen, dabei das Öl gleichmäßig zufließen lassen. Mit Salz und Pfeffer abschmecken.

3 Die Salate und Kräuter waschen, putzen, trocken schleudern oder tupfen, gegebenenfalls etwas kleiner zupfen und auf Teller verteilen. Die Himbeeren waschen und trocken tupfen. Den Salat kurz vor dem Servieren mit dem Dressing beträufeln und die Himbeeren darüberstreuen.

Welchen Salat soll ich nehmen?
Leicht bittere, kräftige Salate harmonieren hier perfekt. In der Wintersaison z. B. Feldsalat, Rucola, Radicchio und Chicorée und im Frühjahr Brunnenkresse, Portulak oder Löwenzahn, evtl. auch etwas Sauerampfer.

WÜRZBIRNE MIT MOZZARELLA

ungewöhnlich · Vorspeise

Für 4 Personen:
1/2 rote Chilischote · 50 g Zucker
400 ml leichte Gemüsebrühe
4 Pimentkörner · 3 Gewürznelken
5 Fäden Safran · Salz
4 EL frisch gepresster Zitronensaft
2 feste Birnen (à ca. 120 g)
1 Kopf Radicchio (ca. 300 g)
125 g Mozzarella
3 EL Weißweinessig · Pfeffer

Zubereitungszeit: 25 Min.
Marinierzeit: 1 Std.
Pro Portion: ca. 170 kcal

1 Die Chilischote halbieren, die Kerne herauskratzen, dann die Schote quer in feine Streifen schneiden. Den Zucker in einer Pfanne schmelzen und hellgelb karamellisieren lassen. Gemüsebrühe, Chili, Gewürze, Safran und 1–2 Prisen Salz dazugeben und alles bei starker Hitze 3–5 Min. kochen, bis sich der Zucker vollständig vom Pfannenboden gelöst hat und die Flüssigkeit leicht sirupartig eingekocht ist.

2 Inzwischen die Birnen waschen und vierteln. Die Kerngehäuse herausschneiden, jedes Viertel in 3 dünne Spalten schneiden. Birnen in den Sirup legen. Zitronensaft unterrühren und die Birnen bei schwacher Hitze 4 Min. köcheln lassen, dabei 1- bis 2-mal wenden. Vom Herd nehmen und im Sirup 1 Std. abkühlen lassen.

3 Den Radicchio vierteln, den Strunk herausschneiden. Die Viertel in schmale Streifen schneiden, waschen, trocken schleudern und auf Tellern auslegen. Mozzarella trocken tupfen, vierteln und in Spalten schneiden. Die Birnen in ein Sieb abgießen, den Sirup auffangen und 4 EL mit dem Essig verrühren. Mozzarella und Birnen auf dem Radicchio anrichten und mit der Sirup-Essig-Mischung beträufeln. Grob mit Pfeffer übermahlen, dann servieren.

KLEINE BANANEN-KOKOS-STRUDEL

knusprig · Nachtisch

Für 8 Stück:
2 große Bananen
2 EL Honig
3 EL frisch gepresster Zitronensaft
2 Msp. Zimtpulver
3 EL Butter
4 quadratische Yufka- oder Fillo-
*   Teigblätter (ca. 100 g)*
4 EL Kokosflocken

Zubereitungszeit: 20 Min.
Backzeit: 12 Min.
Pro Stück. ca. 150 kcal

1 Die Bananen schälen und jede einmal quer und einmal langs halbieren, sodass 8 Stücke entstehen. Die Bananenstücke mit dem Honig in eine kleine beschichtete Pfanne geben und bei mittlerer Hitze 2–3 Min. braten. Mit Zitronensaft beträufeln und mit Zimt bestreuen, wenden und 1–2 Min. weiterbraten, dabei leicht in der Honigmasse schwenken. Vom Herd nehmen und abkühlen lassen.

2 Backofen auf 180° vorheizen. Die Butter schmelzen. Teigblätter einzeln auslegen, diagonal vierteln und mit Butter bestreichen. Je 2 Dreiecke übereinanderlegen. Je ein Stück Banane mit Honig parallel zur langen Seite darauflegen, mit Kokosflocken bestreuen. Die Seiten leicht darüberschlagen und zur Spitze hin aufrollen. Die Röllchen außen mit Butter bestreichen und auf ein mit Backpapier belegtes Blech legen. Im Ofen (Mitte, Umluft 160°) in 10–12 Min. goldbraun backen. Heiß servieren.

Was passt noch dazu?
Himbeersauce (s. S. 121), Vanillesauce (s. S. 157), Nuss-Joghurt-Sauce (s. S. 177) oder fertig gekaufte Schokoladensauce

Einfallslose Gastgeber lassen den Armen bei Beilagen darben oder bieten anstelle des Bratens ein Tofuschnitzel. Bei uns ist der Gast König, und alle genießen zusammen das Gala-Veggie-Menü: Mit feinen Zutaten, ganz ohne die üblichen Sahneexzesse oder Käsekrusten – und trotzdem werden alle fleischlos satt und glücklich.

MANGOLD-RÖLLCHEN MIT STEINPILZSABAYON

etwas aufwendig · extra fein

Für 4 Personen:
30 g getrocknete Steinpilze
100 g Wildreismischung
Salz
12 große Mangoldstiele (ca. 2 Stauden oder 1 1/2 kg)
4 Schalotten
150 g braune Champignons
5 Stängel Thymian
2 EL Butter
75 ml Weißwein (ersatzweise Gemüsebrühe)
Pfeffer
frisch geriebene Muskatnuss
2 EL Mascarpone
4 Eigelb
1/2 TL Sojasauce

Zubereitungszeit: 1 Std.
Pro Portion: ca. 295 kcal

1 Steinpilze in 1/4 l heißem Wasser quellen lassen. Den Reis nach Packungsangabe in Salzwasser bissfest garen, in ein Sieb abgießen und abtropfen lassen. Inzwischen Mangold putzen, waschen, die weißen Stiele abschneiden und in feine Streifen schneiden. Die Blätter in kochendem Salzwasser 2 Min. garen, bis sie biegsam sind. Mit dem Schaumlöffel herausheben, in ein Sieb geben und kalt abbrausen. Auf einem Geschirrtuch ausbreiten und trocken tupfen.

2 Die Pilze in ein Sieb gießen, das Einweichwasser auffangen, die Pilze fein hacken. Schalotten schälen und hacken. 150 ml Pilzwasser mit einem Drittel der Schalotten in einem kleinen Topf aufkochen und offen bei starker Hitze in 4 Min. auf die Hälfte einkochen lassen, beiseitestellen.

3 Champignons abreiben, putzen und 1/2 cm groß würfeln. Thymian waschen, trocken schütteln, die Blättchen hacken. 1 EL Butter in einer Pfanne schmelzen, darin ein Drittel der Schalotten andünsten. Champignons und jeweils die Hälfte von Thymian und Steinpilzen dazugeben. Unter Rühren 2 Min. dünsten, mit der Hälfte von Wein oder Brühe ablöschen. Wenn die Flüssigkeit verdunstet ist, mit Salz, Pfeffer und Muskat würzen, Mascarpone unterrühren.

4 Pilzmasse und Reis mischen. Je 1 guten EL auf die untere Hälfte eines Mangoldblatts geben, die Seiten darüberschlagen und nach oben aufrollen. Die Röllchen auf einen Dämpfeinsatz legen. Etwas Wasser in einem Topf zum Kochen bringen, Dämpfeinsatz einsetzen und die Röllchen zugedeckt 15 Min. dämpfen.

5 1 EL Butter erhitzen, übrige Schalotten darin andünsten. Mangoldstiele und übrigen Thymian unter Rühren mitbraten. Salzen, pfeffern, übrigen Wein oder Brühe und 2–3 EL Pilzwasser dazugeben. Zugedeckt bei schwacher Hitze 8 Min. garen.

6 Für das Sabayon Schalotten-Pilz-Sud durch ein Sieb in eine Metallschüssel gießen, Eigelbe unterrühren. Schüssel über einen Topf mit siedendem Wasser hängen und die Eigelbe über dem Wasserbad mit dem Schneebesen 5 Min. kräftig aufschlagen, bis eine luftige Sabayon entstanden ist. Übrige Steinpilze unterrühren und mit Salz, Pfeffer und Sojasauce würzen. Das Sabayon sofort vom Wasserbad nehmen. Dann zügig die Mangoldstiele auf Tellern verteilen, darauf die Mangoldröllchen legen, mit dem Sabayon begießen und sofort servieren.

ROSA-WOLKE-SEKT MIT ERDBEEREN
beschwipst · fruchtig

Für 2 Gläser:
8 Erdbeeren (frisch oder TK)
1 cl Erdbeersirup oder Grenadine
   (nach Belieben)
2 cl frisch gepresster Limettensaft
3 cl Orangenlikör
1 TL Puderzucker
200 ml eisgekühlter Sekt (1 Pikkolo-
   flasche)

Zubereitungszeit: 10 Min.
Pro Glas: ca. 150 kcal

1 Die Erdbeeren waschen, putzen und grob zerschneiden, TK-Erdbeeren antauen. Die Erdbeeren mit Sirup oder Grenadine, Limettensaft und Orangenlikör mit dem Pürierstab fein pürieren. Je nach Reife und Süße der Früchte mehr oder weniger Puderzucker gut unterrühren. Das Erdbeerpüree auf Sektgläser verteilen und langsam mit Sekt auffüllen, vor dem Trinken gut umrühren.

Nur wir zwei ...

Frisch verliebt, zum Hochzeitstag oder einfach nur ohne die Kinder: Nutzen Sie jede Gelegenheit für ein romantisches kleines Dinner. Bei Kerzenschein und leichtem, anregendem Menü ist die traute Zweisamkeit gleich doppelt schön. Wer dann aber doch lieber wieder mit Familie oder Freunden tafelt: Alle Rezepte lassen sich bei identischer Garzeit mühelos verdoppeln.

Dann möchte ich auf Wolke sieben schweben, ohne dass mir das Essen schwer im Magen liegt – sonst ist der Abend schon nach dem letzten Gang gelaufen. Beschwingt beginnt er dagegen mit einem spritzigen Cocktail und Salat oder einer leichten Suppe.

FRUCHTIGER AVOCADO-GARNELEN-COCKTAIL
erfrischend

Für 2 Personen:
1 reife Avocado
1 TL frisch gepresster Zitronensaft
100 g Sahne-Joghurt
100 g gegarte geschälte Cocktail-
   Garnelen
1 Mandarine
Salz • Pfeffer
Chilipulver
1 Stängel Minze
1 Handvoll junger Spinat

Zubereitungszeit: 20 Min.
Pro Portion: 380 kcal

1 Die Avocado halbieren und den Kern entfernen. Das Fruchtfleisch mit einem Löffel aus der Schale heben, in kleine Würfel schneiden und sofort mit dem Zitronensaft mischen. Gut die Hälfte davon mit dem Joghurt fein pürieren.

2 Die Garnelen in ein Sieb abgießen, kalt abbrausen und abtropfen lassen. Die Mandarine schälen, in Spalten teilen, diese in kleine Stückchen schneiden. Beides mit den Avocadowürfeln unter die Joghurtmasse rühren. Mit Salz, Pfeffer und 1 Prise Chilipulver würzen.

3 Die Minze waschen und trocken schütteln, die Blättchen abzupfen und in feine Streifen schneiden. Den Spinat waschen, verlesen und trocken tupfen oder schleudern. Beides unter den Garnelencocktail heben und in die Avocadohälften füllen. Fein dazu: krosser lauwarmer Toast, der in mundgerechte Dreiecke geschnitten wird – wer mag, kann auch mit einem Plätzchenausstecher Herzen ausstechen.

MÖHREN-INGWER-SÜPPCHEN MIT LIMETTENSAHNE
dezent scharf & anregend

Für 2 Personen:
250 g Möhren
1 kleine Zwiebel
1 Stück frischer Ingwer (ca. 6 cm)
1 EL Butter
Salz
Pfeffer
Zucker
400 ml Gemüsebrühe
1/2 Bio-Limette
80 g Sahne

Zubereitungszeit: 30 Min.
Pro Portion: ca. 220 kcal

1 Die Möhren schälen, putzen und schräg in dünne Scheiben schneiden. Die Zwiebel und den Ingwer schälen und getrennt fein würfeln. Die Butter in einem Topf schmelzen, die Zwiebel darin glasig andünsten. Möhren und Ingwer dazugeben und unter Rühren 2 Min. mitdünsten. Mit Salz, Pfeffer und 1 TL Zucker würzen, dann die Brühe dazugießen. Zugedeckt bei mittlerer Hitze 15–20 Min. garen.

2 Inzwischen die Limette heiß abwaschen, abtrocknen, die Schale fein abreiben und den Saft auspressen. Die Sahne steif schlagen und die Limettenschale unterrühren.

Sobald die Möhren weich sind, den Limettensaft unterrühren, nochmals mit Salz, Pfeffer und Zucker abschmecken. Die Hälfte der Sahne dazugeben, die Suppe mit dem Pürierstab schaumig pürieren. Auf Teller verteilen, die übrige Sahne daraufgeben.

KRÄUTERLACHS AUS DEM OFEN

gelingt superleicht

Für 2 Personen:
400 g Lachsfilet (ohne Haut, möglichst
*   ein Mittelstück)*
1 Bio-Zitrone
3 EL Olivenöl
1 Handvoll Kerbel
5 Stängel Dill
2 Stängel Estragon
2 EL trockener Wermut (z. B. Noilly
*   Prat; nach Belieben)*
Salz
Pfeffer

Zubereitungszeit: 25 Min.
Pro Portion: 555 kcal

1 Den Backofen auf 190° vorheizen. Den Lachs kalt abspülen und trocken tupfen. Die Zitrone heiß waschen, abtrocknen und halbieren. Eine Hälfte in dünne Scheiben schneiden, den Saft der anderen Hälfte auspressen.

2 Eine ofenfeste Form mit 1 EL Öl ausstreichen. Die Kräuter waschen und trocken schütteln. 3 Stängel Dill und die Hälfte vom Kerbel so in die Form legen, dass der Lachs gerade daraufpasst. Übrige Kräuter hacken.

3 Den Lachs auf die Kräuter in der Form legen, mit 1 EL Zitronensaft und nach Belie-

ben Wermut beträufeln, salzen und pfeffern. Die gehackten Kräuter darüberstreuen und leicht andrücken. Mit dem übrigen Olivenöl beträufeln und mit Zitronenscheiben überlappend belegen. Im Ofen (Mitte, Umluft 160°) 12–15 Min. garen. Der Lachs schmeckt prima mit dem Möhren-Zuckerschoten-Gemüse von S. 141. Auch fein: gedünsteter Spargel und neue Kartoffeln.

... noch einfacher

Kein Kerbel und Estragon im Angebot? Dann nur Dill nehmen, 3–4 Stängel mehr – schmeckt auch prima!

Damit auch der Hauptgang des romantischen Dinners zu zweit bezaubernd und richtig anregend verläuft, gibt's entweder feines Fleisch auf knackigem Gemüse oder kräuterfrischen Fisch.

SCHWEINEFILET MIT MÖHREN-ZUCKERSCHOTEN-GEMÜSE

mit der richtigen Würze

Für 2 Personen:

1 TL Korianderkörner
3/4 TL grüner Pfeffer (ersatzweise
   schwarzer)
300 g Schweinefilet
2 EL Olivenöl
Salz
250 g kleine neue Kartoffeln
1 Schalotte
150 g Zuckerschoten
2 Möhren
5 Stängel krause Petersilie
2 EL Butter
Pfeffer
frisch geriebene Muskatnuss

Zubereitungszeit: 20 Min.
Garzeit: 1 Std. 30 Min.
Pro Portion: ca. 435 kcal

1 Den Backofen auf 80° vorheizen. Koriander- und Pfefferkörner im Mörser grob zerstoßen. Das Filet ganz dünn mit Öl bepinseln, salzen und in der Gewürzmischung wenden, die Gewürze gut andrücken. Übriges Öl in einer Pfanne erhitzen und das Filet darin bei mittlerer Hitze rundherum 4 Min. anbraten. In eine ofenfeste Form legen und im Ofen (Mitte, Umluft nicht empfehlenswert) 1 Std. 30 Min. garen.

2 Inzwischen die Kartoffeln waschen, dabei gut abbürsten. Dann in einem Topf mit reichlich Wasser bedeckt zum Kochen bringen, salzen und zugedeckt in 15–20 Min. garen. Schalotte schälen und fein würfeln. Zuckerschoten putzen und waschen. Möhren schälen und schräg in dünne Scheiben schneiden. Petersilie waschen,

trocken schütteln und hacken. Kartoffeln abgießen und ausdampfen lassen, eventuell halbieren.

3 Die Butter in einer beschichteten Pfanne erhitzen. Die Schalotte darin glasig dünsten. Möhren dazugeben und 1 Min. unter Rühren andünsten. 3–5 EL Wasser dazugießen und die Möhren zugedeckt bei mittlerer Hitze 5 Min. dünsten. Zuckerschoten dazugeben, mit Salz, Pfeffer und Muskat würzen, weitere 3 Min. garen. Die Kartoffeln dazugeben und offen 1–2 Min. garen. Das Fleisch aus dem Ofen nehmen und in dicke Scheiben schneiden. Petersilie unter das Gemüse mischen und das Fleisch darauf anrichten.

MASALA-SCHOKOLADENPUDDING MIT BISS

einfach · schoko-sündig gut

Für 2 Personen:
80 g Zartbitterschokolade mit
  Kakaostückchen (die sorgen für
  den Biss – ansonsten normale
  Zartbitterschokolade)
2 EL Zucker
1/2 TL Zimtpulver
1 TL Garam Masala (indische
  Gewürzmischung)
1 EL Kakaopulver
1 EL Speisestärke
1/4 l Milch
1 Eigelb
80 g Sahne
1/2 Päckchen Vanillezucker

Zubereitungszeit: 15 Min.
Kühlen: 1 Std.
Pro Portion: ca. 545 kcal

1 Die Schokolade fein hacken. Zucker, Gewürze, Kakao und Stärke in einem Topf mischen. Dann gut zwei Drittel der Milch unter Rühren dazugießen – gut rühren, damit sich keine Klümpchen bilden. Die übrige Milch in einem Schüsselchen gründlich mit dem Eigelb verquirlen.

2 Die Kakaomilch bei mittlerer Hitze langsam zum Köcheln bringen. Dann die Eigelb-Milch-Mischung unter Rühren dazugießen und 1–2 Min. unter Rühren kochen lassen, bis die Masse dick-cremig wird. Vom Herd nehmen, die gehackte Schokolade dazugeben und rühren, bis sie sich vollständig gelöst hat. Den Pudding abkühlen lassen, dabei immer wieder umrühren, damit sich keine Haut bildet.

3 Den abgekühlten Pudding in Schälchen oder Gläser füllen. Die Sahne mit dem Vanillezucker steif schlagen. Je 1 Klecks Sahne auf den Pudding geben und evtl. mit etwas Zimtpulver bestäuben.

Wie plane ich ein Candle-Light-Dinner?

Auf jeden Fall so viel wie möglich vorbereiten, denn niemand will ständig zwischen Tisch und Herd hin- und herspringen. Aber überhaupt: Warum soll nur einer den anderen bekochen? Schnippeln, rühren und garen Sie doch gemeinsam, mit einem Gläschen Sekt dazu.
Entscheiden Sie sich vorab für eine der beiden Vorspeisen und Hauptmenüs.
Am Tag vorher: Das Dessert zubereiten und zugedeckt in den Kühlschrank stellen. Auch die Suppe (s. S. 139) schon zubereiten und zum Servieren aufwärmen – lediglich die Sahne kommt frisch darauf.
Am selben Tag: Der Garnelencocktail (s. S. 139) hält sich ein paar Std. im Kühlschrank, dabei den Spinat erst kurz vor dem Servieren unterheben und alles in die Avocado füllen. Fisch und Fleisch (s. S. 140/141) so weit wie möglich vorbereiten, beide garen dann alleine. In dieser Zeit evtl. die Beilagen zubereiten.

PARTYTIME

... wenn ich toll feiern will

ZITRUSFRISCHER **WELCOME-COCKTAIL**
einer für viele

Für 1 Cocktail:
6 cl frisch gepresster rosa Grapefruitsaft
2 cl Aperol (ital. Aperitif)
1 cl Orangenlikör (z. B. Grand
* Marnier)*
1 TL frisch gepresster Limettensaft
10–12 cl gut gekühlter Sekt zum
* Aufgießen*

Zubereitungszeit: 10 Min.
Pro Glas: ca. 155 kcal

1 Grapefruitsaft, Aperol, Orangenlikör und Limettensaft in einem Sektglas mischen. Dann mit gut gekühltem Sekt aufgießen.

2 Wer mag, kann den Glasrand zusätzlich mit 1/2 Orangenscheibe verzieren. Dazu das Fruchtfleisch in der Mitte bis zur Schale einschneiden und die Scheibe so auf den Glasrand stecken.

Wie mach ich den für viele?

Alle Zutaten für die gewünschte Personenzahl vervielfachen, bis auf den Sekt schon mischen und kühl stellen. Bevor die Gäste eintreffen, den Drink auf Gläser verteilen und, wenn die Gäste da sind, ganz frisch mit Sekt aufgießen.

Selbst in der kleinsten Zwei-Zimmer-Wohnung oder zwischen Umzugskisten ist noch Platz für einen kleinen Stehempfang. Für den Cocktail braucht man nur eine Hand, für die kleinen Brothappen reicht die andere völlig aus.

CROSTINI MIT GRÜNER OLIVENCREME
sehr mediterran

Für 8 Stück:
150 g grüne Oliven
6 Stängel Petersilie
1/2 Knoblauchzehe
3 Sardellenfilets (in Salzlake)
1 TL Kapern
4 EL Olivenöl
1/2 Bio-Zitrone
Salz • Pfeffer
8 kleine Scheiben Weißbrot
   (z. B. Baguette)

Zubereitungszeit: 25 Min.
Pro Stück: ca. 120 kcal

1 Die Oliven vom Stein schneiden. Petersilie waschen, trocken schütteln und mit den Stielen grob hacken. Knoblauch schälen und ebenfalls grob hacken. Sardellen kalt abspülen, trocken tupfen und mit den Kapern hacken. Alles mit dem Öl mit dem Pürierstab fein pürieren.

2 Die Zitrone heiß abspülen und trocken tupfen, die Schale abreiben, den Saft auspressen. Das Olivenmus mit 1/4 TL Zitronenschale, ca. 1 TL Zitronensaft, Salz und Pfeffer würzen.

3 Das Brot im Toaster rösten oder im heißen Ofen bei 250° (Umluft 230°) in 4–5 Min. goldbraun backen. Großzügig mit der Olivenpaste bestreichen. Wer will, kann noch gehackte Petersilie oder klein geschnittene Tomatenwürfel daraufstreuen.

Variante mit Lebercreme
Für 8 Crostini 150 g Hühnerleber von Sehnen und Häutchen befreien, dann fein würfeln. Je 1 klein gewürfelte Schalotte und Knoblauchzehe in 2 EL Butter andünsten. Leber und 1 TL gehackten Thymian dazugeben und unter Rühren bei mittlerer Hitze 3–4 Min. braten. 3 EL Portwein dazugießen und bei schwacher Hitze 2 Min. weiterbraten. Mit Salz, Pfeffer und Chilipulver würzen. Abkühlen lassen, dann mit 4 EL Crème fraîche pürieren. Auf geröstete Brotscheiben streichen, mit Petersilie bestreuen.

GURKENSCHIFFCHEN MIT MASCARPONEFÜLLUNG

supereinfach

Für ca. 14 Stück:
1 Bio-Salatgurke
4 in Öl eingelegte getrocknete Tomaten
5 Stängel Basilikum
250 g Mascarpone
100 g Magerquark
Salz • Pfeffer
1 TL edelsüßes Paprikapulver
1/2 TL gemahlener Kreuzkümmel
2–3 dickere Scheiben Serrano- oder
   Parmaschinken
ca. 7 kleine Kirschtomaten

Zubereitungszeit: 25 Min.
Pro Stück: ca. 115 kcal

1 Die Gurke waschen und längs halbieren. Die Enden abschneiden und die Kerne mit einem Löffel herauskratzen. Die Hälften auf der runden Seite gerade schneiden, damit sie gut stehen.

2 Die Tomaten gut abtropfen lassen und fein würfeln. Das Basilikum waschen, gut trocken schütteln und 14 kleine Blättchen beiseitelegen, die übrigen Blättchen fein hacken. Tomaten und Basilikum mit Mascarpone und gut abgetropftem Quark verrühren. Mit Salz, Pfeffer, Paprikapulver und Kreuzkümmel pikant würzen.

3 Die Creme in die Gurken verteilen, dann die Gurken mit einem scharfen Messer in ca. 4 cm breite Stücke schneiden.

4 Den Schinken quer in schmale Streifen schneiden. Die Tomaten waschen, abtrocknen und halbieren. Je 1 Tomatenhälfte, 1 Blättchen Basilikum und einige Schinkenstreifen auf ein Gurkenschiffchen verteilen und mit Pfeffer übermahlen. Alle Schiffchen auf eine Servierplatte setzen.

Kein Raum für ein großes Büfett? Dann die Häppchen auf Platten verteilen und mit Spießchen versehen – das spart Besteck und Geschirr. Kleine Teller oder auch nur Servietten bereitlegen; so kann jeder sich nehmen, worauf er gerade Lust hat.

SPINAT-TORTILLA MIT SCHAFKÄSE

die mag jeder

Für 4 Personen:
200 g TK-Blattspinat
1 Knoblauchzehe
3 EL Olivenöl
3 EL Pinienkerne
Salz • Pfeffer
frisch geriebene Muskatnuss
100 g Schafkäse (Feta)
5 Eier
Chilipulver

Zubereitungszeit: 50 Min.
Pro Portion: ca. 300 kcal

1 Den Spinat aus dem Kühlfach nehmen. Knoblauch schälen und fein hacken. 1 EL Olivenöl in einer Pfanne erhitzen, Knoblauch und Pinienkerne darin unter Rühren bei schwacher Hitze andünsten, bis die Pinienkerne leicht bräunen. Den angetauten Spinat dazugeben, mit Salz, Pfeffer und Muskat würzen und unter Rühren garen, bis er aufgetaut und fast alle Flüssigkeit verdunstet ist. In einem Sieb abkühlen lassen.

2 Inzwischen den Backofen auf 180° voheizen. Käse in kleine Würfel schneiden. Eier gut verquirlen und mit Salz, Pfeffer und 2 Prisen Chilipulver würzen. Den abgekühlten Spinat evtl. leicht ausdrücken, auseinanderzupfen und mit dem Käse mischen.

3 2 EL Olivenöl in einer ofenfesten Pfanne (ca. 20 cm Ø) erhitzen. Die Eier hineingießen und bei schwacher Hitze leicht stocken lassen. (Die Masse darf oben noch nicht fest sein!) Die Spinatmasse darauf verteilen. Die Tortilla in den Ofen geben (Mitte, Umluft 160°) und in 10 Min. goldgelb fertig backen. Aus der Pfanne nehmen und abkühlen lassen. Tortilla in Würfel schneiden und evtl. mit Spießchen bereitstellen.

BRIE-ECKEN MIT DÖRROBSTFÜLLUNG

ungewöhnlich

Für ca. 20 Stück:
120 g gemischte Trockenfrüchte (ideal: Aprikosen, Äpfel, Feigen, Rosinen)
100 ml heller Traubensaft
4 EL Cognac (ersatzweise Traubensaft)
2 Msp. Chilipulver
1 Msp. abgeriebene Bio-Zitronenschale
6 Walnusskerne • 1 EL Pistazienkerne
1 EL Honig • Pfeffer
400 g nicht zu reifer Briekäse

Zubereitungszeit: 25 Min.
Marinierzeit: 6 Std.
Pro Stück: ca. 105 kcal

1 Die Trockenfrüchte möglichst klein würfeln und mit Traubensaft, Cognac, Chilipulver und Zitronenschale in einen Topf geben. Zum Kochen bringen und offen bei schwacher Hitze knapp 5 Min. köcheln. Zugedeckt mindestens 6 Std. (oder über Nacht) durchziehen lassen.

2 Die Walnüsse und Pistazien klein hacken. Trockenfrüchte in ein Sieb geben, leicht ausdrücken und abtropfen lassen. Mit den Nüssen und dem Honig mischen und mit Pfeffer abschmecken. Den Brie waagerecht halbieren. Die Fruchtmasse auf der unteren Hälfte verteilen, die obere auflegen und leicht andrücken. Mit einem scharfen Messer in mundgerechte Ecken oder Stücke schneiden, evtl. mit Holzspießchen feststecken – damit sind sie für die Gäste leichter zu greifen!

Auch fein:

Man kann die Brie-Ecken auch auf kleinen Stücken Walnussbrot feststecken. Oder das Brot so dazu reichen.

SCHICHT-PANZANELLA MIT BASILIKUMCREME
Brotsalat auf italienisch

Für 8 Gläser (à 200 ml Inhalt):
500 g Kirschtomaten
1 EL Aceto balsamico
4 EL Olivenöl • Salz • Pfeffer
150 g Ciabatta
1 kleine Knoblauchzehe
1 Bund Basilikum (ca. 50 g)
100 g saure Sahne • 250 g Ricotta
Zucker • Chilipulver
1–2 TL frisch gepresster Zitronensaft
4 EL Pesto (aus dem Glas)

Zubereitungszeit: 40 Min.
Pro Glas: ca. 205 kcal

1 Die Tomaten waschen und vierteln. Essig mit 2 EL Öl gut verrühren, salzen und pfeffern. Mit den Tomaten mischen und durchziehen lassen. Das Brot 1 cm groß würfeln, den Knoblauch schälen. 2 EL Öl in einer Pfanne erhitzen, Knoblauch dazupressen, das Brot hineingeben und alles gut verrühren. Unter gelegentlichem Rühren bei mittlerer Hitze goldbraun braten, herausnehmen, auf Küchenpapier legen und abtropfen lassen.

2 Basilikum waschen, trocken tupfen, die Blättchen abzupfen und grob zerschneiden. Mit der sauren Sahne mit dem Pürierstab fein pürieren, anschließend unter den Ricotta rühren und mit Salz, Pfeffer sowie je 1 Prise Zucker, Chilipulver und etwas Zitronensaft abschmecken.

3 Das abgekühlte Brot auf die Gläser verteilen. Darauf die Tomaten und darauf locker die Basilikumcreme schichten und glatt streichen. Nach Belieben 1 Klecks Pesto daraufgeben und servieren. (Die fertigen Gläser können auch ruhig noch etwas kühl stehen, das Pesto aber erst vor dem Servieren daraufgeben.)

AVOCADOMOUSSE MIT SPARGELSALAT
luftig • frühlingsleicht

Für 8 Gläser (à 200 ml Inhalt):
4 Blatt weiße Gelatine
2 reife Avocados
1 EL frisch gepresster Zitronensaft
200 g Joghurt
Salz • Pfeffer • 2 Msp. Chilipulver
2 Eiweiß
500 g grüner Spargel
2 Orangen
1 TL Senf • 2 TL Honig
2 EL Weißweinessig
4 EL Olivenöl
3 Stängel Estragon
3 Frühlingszwiebeln

Zubereitungszeit: 45 Min.
Kühlzeit: 3 Std.
Pro Portion: ca. 225 kcal

1 Die Gelatine 5 Min. in kaltem Wasser einweichen. Avocados halbieren, Kerne entfernen. Fruchtfleisch herauslösen, mit Zitronensaft und Joghurt fein pürieren. Mit Salz, Pfeffer und 2 Msp. Chilipulver würzen.

2 Eiweiße mit 1 Prise Salz steif schlagen. Gelatine ausdrücken und in einem Topf sanft erhitzen, bis sie flüssig ist. Nacheinander 2 EL Avocadopüree unterrühren, dann die Masse unter das übrige Püree rühren. Eischnee unterheben und die Mousse auf Gläser verteilen. Zugedeckt im Kühlschrank in 3 Std. fest werden lassen.

3 Inzwischen den Spargel waschen, von holzigen Enden befreien und schräg in 1/2 cm breite Scheiben schneiden. In kochendem Salzwasser 2 Min. garen, in ein Sieb abgießen und abtropfen lassen. Von den Orangen die Schale mit der weißen Haut abschneiden und die Fruchtfilets herausschneiden, den Saft auffangen. Filets beiseitestellen. Saft mit Senf, Honig, Essig und Öl aufschlagen, salzen und pfeffern.

4 Estragon waschen, die Blättchen abzupfen. Frühlingszwiebeln waschen, putzen, den weißen Teil in feine Ringe schneiden und mit Estragon und Spargel unter die Marinade heben. 1 Std. ziehen lassen. Die Orangenfilets in kleine Stücke schneiden und mit dem Salat mischen. Den Salat auf der Mousse verteilen und servieren.

KRÄUTERMARINADE MIT ZITRONE

mediterran

Für 6–8 Portionen:
Angaben zum Fleisch siehe Tipp
3 Stängel Rosmarin
4 Stängel Thymian
1/4 Bund Petersilie
2 Knoblauchzehen
1 getrocknete Chilischote
1/2 Bio-Zitrone
1 EL Dijon-Senf
8 EL Olivenöl
Pfeffer

Zubereitungszeit: 15 Min.
Pro Portion ohne Fleisch (bei 8):
ca. 90 kcal

1 Die Kräuter waschen und trocken schütteln. Vom Rosmarin die Nadeln, von Thymian und Petersilie die Blättchen abzupfen und klein hacken. Den Knoblauch schälen und ganz fein hacken, die Chilischote ebenfalls fein hacken. Die Zitrone heiß waschen und abtrocknen, dann die Schale abreiben und den Saft auspressen. Die Schale mit den Kräutern, Knoblauch und Chilischote mischen.

2 Zitronensaft, Senf und Öl gut verrühren, die Kräutermischung dazugeben und alles kräftig pfeffern. Das Fleisch gut in der Marinade wenden und zugedeckt im Kühlschrank mindestens 4 Std. (oder über Nacht) marinieren.

Wozu passt die Marinade?

Toll schmeckt sie z. B. zu Lammkoteletts (ca. 12 Stück à ca. 80 g; Grillzeit 3–4 Min. pro Seite), Rinder- oder Schweinenackensteaks (ca. 8 Stück à ca. 120 g; Grillzeit 4–5 Min. pro Seite). Das Fleisch unbedingt erst nach dem Grillen salzen.

Sobald die Sonne wieder lockt, ist die Grill- und Picknicksaison eröffnet. Das Fleisch zum Marinieren und späteren Transport am besten gleich in verschließbare Plastikboxen packen, ebenso den Dip und die Salate. Dann fehlen nur noch Brot und gut gekühlte Getränke.

ERBSEN-RADIESCHEN-DIP
erfrischend

Für 6–8 Personen:
250 g TK-Erbsen • Salz
1 Bund Radieschen
2 Stängel Estragon
200 g Schmant
150 g saure Sahne
2–3 EL frisch gepresster Zitronensaft
Pfeffer • Zucker
2 Msp. Chilipulver

Zubereitungszeit: 35 Min.
Pro Portion (bei 8): ca. 115 kcal

1 Die gefrorenen Erbsen in wenig Salzwasser aufkochen und bei mittlerer Hitze in 8–10 Min. garen. In ein Sieb abgießen, dabei das Kochwasser auffangen.

2 Die Radieschen waschen, putzen und in kleine Würfel schneiden. Den Estragon waschen und trocken schütteln, die Blättchen abzupfen und fein hacken.

3 Die leicht abgekühlten Erbsen mit Schmant, saurer Sahne und 1–2 EL Zitronensaft mit dem Pürierstab pürieren. Wenn die Creme zu dick ist, etwas Kochwasser unterrühren. Anschließend Radieschen und Estragon untermengen und mit Salz, Pfeffer, Zucker, Chilipulver und evtl. Zitronensaft abschmecken. Zum Transport am besten in ein Schraubglas füllen.

Das sollte beim Grillen nicht fehlen

Neben Kohle, Grillanzünder und Streichhölzern unbedingt auch an Alu-Grillschalen für das Fleisch denken. Zum Würzen Salz und Pfeffer einstecken, den Flaschenöffner fürs Bier, Papierservietten und Abfalltüten für den Müll.

TEX-MEX-BARBECUE-MARINADE
zum Fingerschlecken gut

Für 6–8 Portionen:
Angaben zum Fleisch siehe Tipp
2 Knoblauchzehen • 1 Zwiebel
150 ml Ketchup
1 EL frisch gepresster Limettensaft
3 EL Honig • 3 EL Olivenöl
1 TL getrockneter Oregano
1 TL gemahlener Kreuzkümmel
3 TL edelsüßes Paprikapulver
2 TL Chilipulver
Salz • Pfeffer

Zubereitungszeit: 15 Min.
Pro Portion ohne Fleisch (bei 8): ca. 85 kcal

1 Knoblauch und Zwiebel schälen und grob hacken. Beides mit Ketchup, Limettensaft, Honig und Öl fein pürieren.

2 Den Oregano und die gemahlenen Gewürze untermischen und mit 1–2 TL Salz und 1 TL möglichst grob gemahlenem Pfeffer abschmecken.

Wozu passt die Marinade?

Die Marinade ist perfekt für Hähnchenfleisch, z. B. ca. 1 1/2 kg Hähnchenflügel oder -unterkeulen. Das Fleisch mit der Marinade bestreichen und zugedeckt im Kühlschrank über Nacht marinieren. Vor dem Grillen in ein Sieb abgießen, Marinade auffangen und durchrühren. Das Fleisch während des Grillens (25–35 Min.) öfter wenden, vorher mit der Marinade bestreichen.

GURKEN-MELONEN-SALAT MIT GARNELEN

erfrischend und kühl

Für 6 Personen:
1 reife Honig- oder Zuckermelone
2 Salatgurken • 2 Bund Radieschen
1 Bund Minze
1 EL flüssiger Honig
frisch gepresster Saft von 1 Zitrone
200 g saure Sahne • 100 g Joghurt
Salz • Pfeffer • Chilipulver
200 g gegarte, geschälte Garnelen

Zubereitungszeit: 25 Min.
Pro Portion: ca. 150 kcal

1 Die Melone halbieren und die Kerne mit einem Löffel herauskratzen. Das Fruchtfleisch mit einem Kugelausstecher ausstechen. Oder die Schale wegschneiden und das Fruchtfleisch mundgerecht würfeln. Die Gurken schälen, längs halbieren und die Kerne herauskratzen, Gurken in Scheiben schneiden. Die Radieschen waschen, putzen und in Scheiben schneiden.

2 Die Minze waschen, trocken schütteln, Blättchen abzupfen und fein hacken. Den

Honig gut mit dem Zitronensaft verrühren. Saure Sahne und Joghurt unterrühren und mit Salz, Pfeffer und 1/4–1/3 TL Chilipulver würzig abschmecken. Die Hälfte der Minze unterrühren. Garnelen in ein Sieb abgießen, abtropfen lassen, dann mit Melone, Gurke, Radieschen und übriger Minze mischen. Das Dressing kurz vor dem Servieren unter den Salat mischen, evtl. mit etwas gehackter Minze und Chilipulver bestreuen.

MARINIERTES SOMMERGEMÜSE MIT GEGRILLTEM KÄSE

Antipasti mal anders

Für 4–6 Personen:
400 g Kirschtomaten
ca. 150 ml Olivenöl
Salz • Pfeffer
800 g grüner Spargel
2 Zucchini
2 Bund Frühlingszwiebeln
200 g Halloumi (zypriotischer Käse)
1 Knoblauchzehe
2 EL Weißweinessig
1 großes Bund Basilikum

Zubereitungszeit: 1 Std. 15 Min.
Pro Portion (bei 6): 380 kcal

1 Den Backofen auf 175° vorheizen. Tomaten waschen und halbieren. In einer Schüssel mit 3 EL Öl mischen, salzen und pfeffern. Mit der Schnittfläche nach unten auf ein mit Backpapier ausgelegtes Blech legen und im Ofen (Mitte, Umluft nicht empfehlenswert) 45 Min. garen. Abkühlen lassen.

2 Inzwischen den Spargel waschen, die harten Enden schälen oder abschneiden. In Salzwasser bei mittlerer Hitze 4 Min. garen, in ein Sieb gießen, kalt abbrausen und abtropfen lassen. Zucchini waschen, putzen und längs in dünne Scheiben schneiden (geht gut auf der Brotmaschine). Frühlingzwiebeln waschen, putzen, den grünen Teil wegschneiden. Alles mit 4–5 EL Olivenöl mischen, salzen und pfeffern.

3 Das Gemüse portionsweise in einer leicht eingeölten Grillpfanne rundum bei starker Hitze 2–4 Min. schön braun braten. Aus der Pfanne nehmen, abkühlen lassen. Den Käse in Stücke schneiden. Die Grillpfanne evtl. nochmal leicht ölen, den Käse darin bei mittlerer Hitze in 2–3 Min. pro Seite goldbraun braten.

4 Für das Dressing Knoblauch schälen und zum Essig drücken. Mit 5 EL Öl, Salz und Pfeffer mischen. Basilikum waschen, trocken schütteln und die Blättchen abzupfen. Die Hälfte fein hacken und unter das Dressing mischen, den Rest in Streifen schneiden. Gemüse, Tomaten und Käse auf einer Platte anrichten, mit Dressing beträufeln und mit Basilikum bestreuen.

BUNTE **BEEREN-MUFFINS**
für den Picknickkorb

Für 12 Stück:
*150 g gemischte Beeren (frisch
    oder TK)*
200 g Mehl • 2 EL gemahlene Mandeln
2 TL Backpulver • Zimtpulver
150 g weiche Butter
150 Zucker • 1 Päckchen Vanillezucker
1 Ei • 250 g Joghurt
Bittermandelaroma
Butter für das Blech
Puderzucker zum Bestreuen

Zubereitungszeit: 20 Min.
Backzeit: 25 Min.
Pro Stück: ca. 255 kcal

1 Den Backofen auf 180° vorheizen. Ein Muffinblech mit 12 Mulden fetten oder mit Papierförmchen auslegen. Die Beeren waschen, verlesen und trocken tupfen. Das Mehl mit Mandeln, Backpulver und 2 Prisen Zimt mischen.

2 Die Butter in Stücke schneiden und mit Zucker und Vanillezucker mit den Quirlen des Handrührgeräts gründlich cremig rühren. Das Ei unterrühren, anschließend den Joghurt und ein paar Tropfen Bittermandelaroma. Weiterrühren, bis eine cremige, weißliche Masse entstanden ist.

3 Die Mehlmischung zügig mit einem Löffel unter die Joghurtmasse rühren, dann die Beeren (TK-Beeren gefroren) vorsichtig unterheben. Den Teig in die Blechmulden füllen. Im Ofen (Mitte, Umluft 160°) in 25 Min. goldbraun backen. Herausnehmen und etwas abkühlen lassen. Muffins vorsichtig aus den Formen drehen und auf einem Kuchengitter abkühlen lassen. Die abgekühlten Muffins mit Puderzucker bestäuben.

Auch beim Picknick ist ein Dessert nicht zu verachten. Obstsalat und Sauce zu Hause getrennt in verschließbare Schüsseln und Gläser füllen und draußen im Schatten lagern. Die Muffins kommen in ein Körbchen und sind garantiert so schnell weg, dass sie keinen Schattenplatz brauchen.

INGWER-OBSTSALAT MIT VANILLESAUCE

sommerlich · mit feiner Ingwerschärfe

Für 6–8 Personen:

Für die Vanillesauce:

1 Vanilleschote
1/4 l Milch
250 g Sahne
1 EL Speisestärke
2 frische Eigelb
60 g Zucker

Für den Obstsalat:

1 reife Mango
3 reife Pfirsiche
1 kleine reife Honigmelone
250 g Erdbeeren
1 Stück frischer Ingwer (ca. 4 cm)
4 Stängel Minze
1 Bio-Limette
70 g Puderzucker

Zubereitungszeit: 35 Min.
Kühlzeit: 30 Min.
Pro Portion (bei 8): ca. 280 kcal

1 Für die Sauce die Vanilleschote aufschlitzen, das Mark herauskratzen. Beides mit 200 ml Milch und der Sahne in einen Topf geben und unter gelegentlichem Rühren bei schwacher Hitze 5 Min. köcheln.

2 Inzwischen die Stärke gut mit Eigelben, übriger Milch und Zucker verrühren. Unter Rühren in den Topf gießen und einmal aufkochen lassen, dabei immer weiterrühren. Vom Herd nehmen und abkühlen lassen. (Vorm Servieren die Schote herausfischen!)

3 Für den Salat die Mango dünn schälen, schräg vom Kern schneiden und klein würfeln. Pfirsiche waschen, halbieren, entkernen und würfeln. Die Melone in Spalten schneiden, Kerne mit einem Löffel entfernen, das Fruchtfleisch aus der Schale schneiden und würfeln. Die Erdbeeren waschen, putzen und je nach Größe vierteln oder halbieren.

4 Den Ingwer schälen und fein hacken. Die Minze waschen, die Blättchen abzupfen und in Streifen schneiden. Die Limette heiß waschen. Die Schale fein abreiben, den Saft auspressen und beides mit Zucker, Ingwer und Minze verrühren. Vorsichtig unter die Früchte mischen und den Salat zugedeckt im Kühlschrank 25–30 Min. durchziehen lassen.

*Einfach zusammensitzen bei einem Gläschen Wein, ohne großen Aufwand.
Da passen herzhafte Kuchen, die sich gut vorbereiten lassen und dann ganz alleine
backen. Wer keinen Wein möchte – Bier passt mindestens genauso gut.*

ZUCCHINI-KRÄUTER-QUICHE

vegetarisch · frühlingsleicht

*Für 1 Quiche- oder Springform
(28 cm ⌀):*

Für den Teig:
250 g Mehl · Salz
125 g kalte Butter
1 Ei
2 EL Weißweinessig

Für den Belag:
4 Zucchini (ca. 750 g)
1 Knoblauchzehe
2 EL Olivenöl
Salz · Pfeffer
1 Bund Frühlingskräuter
*(z. B. Schnittlauch, Petersilie, Dill,
Estragon, Kerbel, Melisse)*
5 Frühlingszwiebeln
250 g Ricotta
4 Eier
100 g frisch geriebener Parmesan
frisch geriebene Muskatnuss
Butter für die Form
Hülsenfrüchte zum Blindbacken

Zubereitungszeit: 50 Min.
Backzeit: 50 Min.
Pro Stück (bei 16 Stück):
ca. 215 kcal

1 Für den Teig das Mehl mit 1/2 TL Salz in einer Rührschüssel mischen. Die Butter in Flöckchen darauf verteilen. Mit dem Ei und Essig erst mit den Knethaken des Handrührgeräts zu feinen Bröseln rühren, dann mit den Händen rasch zu einem geschmeidigen Teig kneten. Zur Kugel rollen, in Frischhaltefolie wickeln und 1 Std. im Kühlschrank ruhen lassen.

2 Inzwischen die Zucchini waschen, putzen und auf einer Gemüsereibe grob raspeln. Aus den Raspeln mit den Händen möglichst viel Flüssigkeit pressen. Knoblauch schälen, das Öl in einer beschichteten Pfanne erhitzen. Zucchini hineingeben, Knoblauch dazupressen und alles unter Rühren bei starker Hitze 3–4 Min. garen, damit möglichst viel Flüssigkeit verdampft. Vom Herd nehmen, salzen, pfeffern und abkühlen lassen.

3 Den Backofen auf 200° vorheizen, die Form fetten. Die Kräuter waschen, trocken schütteln und fein hacken. Die Frühlingszwiebeln waschen, putzen und mit dem Grün in feine Ringe schneiden. Ricotta und Eier verrühren, Zucchini, Kräuter, Zwiebeln und Parmesan unterrühren. Kräftig mit Salz, Pfeffer und Muskat würzen.

4 Den Teig auf der bemehlten Arbeitsfläche ausrollen und in die Form legen, dabei einen Rand bilden. Den Boden mehrmals mit einer Gabel einstechen. Ein Backpapier vorsichtig auf dem Teig auslegen, darauf die Hülsenfrüchte geben und den Boden im Ofen (Mitte, Umluft 180°) 15 Min. vorbacken. Herausnehmen und das Papier samt Hülsenfrüchte entfernen. Den Ofen auf 180° (Umluft 160°) herunterschalten. Die Zucchinimasse in den Teig füllen. Die Quiche in den Ofen stellen und in 45–50 Min. goldbraun backen (gegen Ende der Backzeit evtl. mit Backpapier abdecken). Die Quiche schmeckt warm und kalt.

Wenn es nicht vegetarisch sein soll?

Dann nur 50 g Parmesan und zusätzlich 200 g fein gewürfelten gekochten Schinken (am besten vorher vom Metzger in dicke Scheiben schneiden lassen, die lassen sich dann gut würfeln) unter die Zucchini-Kräuter-Masse mischen.

Knusprig, knuspriger – Flammekuchen. Unsere französischen Nachbarn verstehen nicht nur was vom Wein, sondern auch von unwiderstehlichen Snacks dazu. Hauchdünn ausgerollt werden sie bei starker Hitze gebacken und sind deshalb in kürzester Zeit fertig. Und verputzt sind sie sicher noch schneller.

FLAMMEKUCHEN MIT SPECK UND ZWIEBELN
Klassiker aus dem Elsass

Für 6–8 Personen:
270 g Weizenmehl (Type 405)
130 g Roggenmehl • Salz
1 Päckchen Trockenhefe (entspricht ca. 20 g frischer Hefe)
3 EL Olivenöl
4 Zwiebeln
150 g durchwachsener Räucherspeck (vom Metzger in ca. 1/2 cm dicke Scheiben schneiden lassen)
200 g Crème fraîche
50 g Magerquark
150 g Sahne
Pfeffer • frisch geriebene Muskatnuss
Mehl zum Arbeiten

Zubereitungszeit: 45 Min.
Ruhezeit: 45 Min.
Backzeit: 15 Min. pro Blech
Pro Portion (bei 8): ca. 495 kcal

1 Beide Mehlsorten mit 1 TL Salz und der Hefe mischen. Ca. 1/4 l lauwarmes Wasser und 1 EL Olivenöl nach und nach dazugeben und mit den Knethaken des Handrührgeräts unterkneten, dann in weiterer 5 Min. zu einem glatten, elastischen Teig verkneten. In eine mit Mehl ausgestäubte Schüssel geben und zugedeckt an einem warmen Ort 45 Min. gehen lassen.

2 Inzwischen die Zwiebeln schälen, erst längs halbieren, dann in schmale Streifen schneiden. Übriges Öl in einer Pfanne erhitzen und die Zwiebeln darin bei mittlerer Hitze glasig andünsten. Vom Herd nehmen, abkühlen lassen. Den Speck quer in ganz feine Streifen schneiden. Crème fraîche, Quark und Sahne verrühren und mit Salz, Pfeffer und Muskat würzen.

3 Den Backofen auf 230° vorheizen. Den Teig auf einer bemehlten Arbeitsfläche nochmals gut durchkneten, in drei Portionen teilen und möglichst dünn ausrollen. Jeden Fladen auf ein mit Backpapier ausgelegtes Blech legen. Gleichmäßig mit Creme bestreichen, erst mit Zwiebeln, dann mit Speck bestreuen. Die Kuchen nacheinander im Ofen (unten, Umluft 210°) in 12–15 Min. goldbraun und knusprig backen. In große Stücke schneiden und heiß servieren.

... *mal ganz anders:*
vegetarisch und schön würzig
1 Fenchelknolle waschen, putzen und vierteln, den Strunk herausschneiden, die Viertel in dünne Scheiben schneiden. 1 Lauchstange putzen, waschen und in dünne Scheiben schneiden. Beides in 2 EL Olivenöl 2–3 Min. anbraten, salzen, pfeffern und abkühlen lassen. Crème fraîche, Quark und Sahne wie beschrieben verrühren. Mit 2 TL Currypulver, Salz und Pfeffer würzen und auf den Teigfladen verstreichen.
1 große Birne vierteln, vom Kerngehäuse befreien, klein würfeln. Lauch, Fenchel und Birne auf den Fladen verteilen und wie angegeben backen.

*Dann sollte das Essen nicht zu aufwendig sein, dafür preiswert und so, dass
es allen schmeckt. Genau wie die knusprigen Keulen mit jeder Menge Gemüse.
Das Tolle dabei: außer frischem Baguette dazu braucht es nichts mehr.*

HÄHNCHENKEULEN AUF OFENGEMÜSE
schmoren ganz alleine

Für 8–10 Personen:
6 Paprikaschoten (rot, gelb, grün)
450 g Zucchini
400 g Staudensellerie
500 g Eiertomaten
5 Knoblauchzehen
8 EL Olivenöl
*8 Hähnchenkeulen (à ca. 350 g;
    evtl. vom Metzger im Gelenk
    teilen lassen)*
1 Bund Rosmarin
1 Bund Thymian
8 Stängel Petersilie
150 g weiche Butter
1 TL edelsüßes Paprikapulver
Salz • Pfeffer
*1/4 l Weißwein (ersatzweise
    Hühnerbrühe)*

Zubereitungszeit: 40 Min.
Backzeit: 50 Min.
Pro Portion (bei 10): ca. 595 kcal

1 Das Gemüse waschen. Die Paprikaschoten halbieren, putzen und in 4 cm große Stücke schneiden. Die Zucchini putzen und in 1 cm dicke Scheiben schneiden. Den Staudensellerie putzen und schräg in 2 cm breite Stücke schneiden. Die Tomaten quer in 2 cm dicke Scheiben schneiden, die Stielansätze entfernen. Den Knoblauch schälen, 3 Zehen in dünne Scheiben schneiden und mit dem Gemüse und Olivenöl in einer Schüssel mischen.

2 Den Backofen auf 220° vorheizen. Die Hähnchenkeulen kalt abspülen und trocken tupfen. Die Kräuter waschen und trocken schütteln. Die Nadeln und Blättchen von 4 Stängeln Rosmarin und 5 Stängeln Thymian abstreifen, mit der Petersilie fein hacken. Die übrigen Knoblauchzehen dazupressen und alles mit einer Gabel unter ca. 100 g Butter mengen. Die Kräuterbuttermasse gleichmäßig unter die Hähnchenhaut verteilen – dazu die Haut mit den Fingern vorher leicht lösen.

3 Die übrige Butter schmelzen, Paprikapulver unterrühren und die Keulen damit bestreichen (den Rest beiseitestellen), dann salzen und pfeffern. Die restlichen Kräuter in feine Zweige zupfen und unter das Gemüse mischen, salzen und pfeffern. Das Gemüse auf ein tiefes Blech geben, die Keulen darauf verteilen. Im Ofen (Mitte, Umluft 200°) in 45–50 Min. garen, dabei nach 15 Min. den Wein oder die Brühe dazugießen. Während der gesamten Garzeit das Gemüse 2- bis 3-mal durchrühren und die Keulen noch einmal mit Würzbutter bepinseln. Am besten heiß, direkt auf dem Blech servieren.

... viele Leute, wenig Stress
Bei großer Gästezahl am besten üppige Büfettsalate, kalte Häppchen und Brot anbieten. Oder warme Gerichte, die sich gut vorbereiten lassen und alleine fertig garen, während die Gäste langsam eintrudeln. So haben Ihre Freunde etwas von Ihnen, und Sie können das Fest ohne Stress genießen.

NUDELSALAT MIT HUHN

asiatisch · fruchtig-scharf

Für 6–8 Personen:
400 g Penne · Salz
2 Saftorangen
400 g Hähnchenbrustfilet
3 EL Sonnenblumenöl · Pfeffer
3 EL Sojasauce · 1 TL Sambal oelek
1 Staude Stangensellerie (ca. 400 g)
2 reife Papayas (oder Mangos)
2 rote Paprikaschoten
200 g Mayonnaise · 250 g Joghurt
50 ml Hühnerbrühe
1 1/2 EL mildes Currypulver

Zubereitungszeit: 50 Min.
Marinierzeit: 1 Std.
Pro Portion (bei 8): ca. 500 kcal

1 Die Nudeln in Salzwasser nach Packungsangabe bissfest garen. In ein Sieb geben, kalt abbrausen und abtropfen lassen.

2 Inzwischen Orangen halbieren, Saft auspressen. Hähnchenfleisch in schmale Streifen schnetzeln. Öl in einer beschichteten Pfanne erhitzen und das Fleisch darin rundherum hellbraun anbraten. Salzen und pfeffern, Sojasauce, Sambal oelek und 6 EL Orangensaft dazugeben. 2 Min. unter Rühren weiterbraten, dann vom Herd nehmen.

3 Sellerie waschen, putzen und in dünne Scheiben schneiden, evtl. etwas Grün beiseitelegen. Papaya halbieren, entkernen, schälen und in kleine Würfel schneiden. Paprikaschoten vierteln, putzen, waschen und quer in schmale Streifen schneiden. Mit dem Fleisch (samt Bratensatz) und den Nudeln in eine Schüssel geben.

4 Mayonnaise, Joghurt, Brühe und übrigen Orangensaft verrühren und kräftig mit Salz, Pfeffer und Curry würzen. Das Dressing unter die Nudeln mischen, den Salat zugedeckt mindestens 1 Std. im Kühlschrank ziehen lassen. Vor dem Servieren gut durchrühren. Nach Wunsch etwas Selleriegrün fein hacken und frisch über den Salat streuen.

COUSCOUS-SALAT MIT KICHERERBSEN

mit orientalischer Note

Für 6–8 Personen:
1 Dose Kichererbsen (ca. 240 g Abtropfgewicht) · 300 g Instant-Couscous
Salz · 6 EL Olivenöl
100 g getrocknete Aprikosen
500 g Zucchini · 1 Knoblauchzehe
7 EL Weißweinessig
120 ml Gemüsebrühe
1 EL Honig · 1/2 TL Zimtpulver
1 TL gemahlener Kreuzkümmel
1/4–1/3 TL Chilipulver · Pfeffer
1 Bund Frühlingszwiebeln
je 1 Bund Petersilie und Rucola
100 g Mandelsplitter

Zubereitungszeit: 1 Std.
Marinierzeit: 1 Std.
Pro Portion (bei 8): ca. 415 kcal

1 Kichererbsen in ein Sieb gießen, kalt abbrausen und abtropfen lassen. Couscous in 350 ml kochendes Salzwasser rühren, bei ganz schwacher Hitze 5 Min. quellen lassen. 3 EL Olivenöl mit einer Gabel unterrühren, dabei die Körner auflockern. Couscous zugedeckt 3 Min. auf dem ausgeschalteten Herd quellen lassen, dann in eine Schüssel füllen.

2 Inzwischen die Aprikosen klein würfeln. Zucchini waschen, putzen und in 1 cm große Würfel schneiden. Den Knoblauch schälen. 3 EL Öl in einer beschichteten Pfanne erhitzen, Zucchini hineingeben, Knoblauch dazupressen und alles unter Rühren goldbraun andünsten, salzen. Aprikosen, Essig und Brühe dazugeben, einmal aufkochen, dann sofort vom Herd nehmen. Honig unterrühren und kräftig mit Zimt, Kreuzkümmel, Chili, Salz und Pfeffer würzen. Zum Couscous geben.

3 Frühlingszwiebeln waschen, putzen und mit dem Grün in feine Ringe schneiden. Petersilie und Rucola waschen und trocken schütteln. Die harten Stiele abschneiden, die Blättchen grob hacken und mit Kichererbsen und Frühlingszwiebeln unter den Salat mischen. Zugedeckt im Kühlschrank 1 Std. durchziehen lassen. Inzwischen die Mandelsplitter in einer Pfanne ohne Fett hellbraun rösten und abkühlen lassen. Vor dem Servieren unter den Salat mischen.

MARINIERTE ENTE MIT MANGO-SALSA

exotisch fruchtig

Für 6 Personen:
2 Entenbrüste (à ca. 300 g)
Salz • Pfeffer
1 feste Mango (ca. 400 g)
1 rote Chilischote
Saft von 2 Orangen
3 EL Sojasauce
3 EL Weißweinessig
5 EL Sherry (Medium)
1 EL Honig • 1 Knoblauchzehe
2 Msp. Currypulver
1/2 Bund Koriandergrün

Zubereitungszeit: 40 Min.
Pro Portion: ca. 245 kcal

1 Backofen auf 180° vorheizen. das Fleisch trocken tupfen. Die Haut mit einem scharfen Messer kreuzweise einritzen, das Fleisch beidseitig salzen und pfeffern. Eine ofenfeste Pfanne mittelstark erhitzen. Entenbrüste mit der Hautseite nach unten einlegen und 4–5 Min. anbraten, wenden und weitere 4 Min. braten. Im Ofen (Mitte, Umluft 160°) in 12 Min. fertig garen.

2 Inzwischen die Mango schälen, schräg vom Stein schneiden und winzig klein würfeln. Chilischote halbieren, entkernen und fein hacken. Mit Orangensaft, Sojasauce, Essig, Sherry und Honig in einen Topf geben. Knoblauch schälen, dazupressen und alles bei starker Hitze 3 Min. einkochen lassen. Mango dazugeben und bei mittlerer Hitze weitere 2 Min. köcheln. Mit Currypulver, evtl. Salz und Pfeffer abschmecken, vom Herd nehmen und abkühlen lassen. Das Koriandergrün waschen, trocken schütteln, hacken und unterrühren.

3 Die Entenbrüste aus der Pfanne nehmen und mindestens lauwarm abkühlen lassen. Dann in dünne Scheiben schneiden (die Haut evtl. entfernen) und auf einer Platte auslegen. Salsa darübergeben und evtl. mit Folie abdecken, bis das Büfett eröffnet ist.

So ein kalter Braten machte sich immer schon gut auf einem großen Büffet. Die beiden kleinen, feinen Varianten begeistern heute durch die Saucen, die es dazu gibt. Alles am besten schon am Vortag zubereiten und dann nur noch Brot und einen Salat dazustellen – dann können die Gäste kommen!

PUTENFLEISCH MIT KRÄUTER-ARTISCHOCKEN-CREME

gut vorzubereiten

Für 6–8 Portionen:

1,2 kg Putenbrustfilet (am Stück)
1,3 l Hühnerbrühe
450 ml Weißwein (ersatzweise Brühe)
1 Lorbeerblatt
1 Glas Artischockenherzen in Salzlake
  (Abtropfgewicht 200 g)
1 Bund Basilikum (ca. 50 g)
1/2 Bund Petersilie
4 Stängel Estragon
1 Knoblauchzehe
50 g geröstete Salzmandeln
4 EL Olivenöl
200 g Mascarpone
Salz • Pfeffer • Zucker
1–2 EL frisch gepresster Zitronensaft

Zubereitungszeit: 20 Min.
Garzeit: 1 Std. 30 Min.
Kühlzeit: mindestens 6 Std.
Pro Portion (bei 8): ca. 390 kcal

1 Das Fleisch kalt abspülen. Brühe, Wein und Lorbeerblatt in einem großen Topf aufkochen. Das Fleisch einlegen und bei schwacher Hitze 1 Std. 30 Min. zugedeckt garen. In der Brühe abkühlen lassen, evtl. über Nacht.

2 Das Fleisch aus der Brühe nehmen, das Lorbeerblatt herausfischen. Artischocken in ein Sieb abgießen und abtropfen lassen. Die Kräuter waschen, Blätter abzupfen, gut trocken tupfen und grob zerschneiden. Den Knoblauch schälen und grob hacken.

3 Kräuter, Knoblauch, Artischocken und Mandeln mit Öl und 150 ml Hühnerbrühe im Mixer fein pürieren. Mascarpone kurz untermixen, evtl. noch Brühe dazugeben, bis eine dickflüssig cremige Sauce entstanden ist. Anschließend mit Salz, Pfeffer, etwas Zucker und evtl. etwas Zitronensaft (vor allem, wenn kein Weißwein in der Brühe verwendet wurde) würzen.

4 Das Fleisch in dünne Scheiben schneiden und auf einer Platte auslegen. Die Sauce in die Mitte geben oder separat in einer Schale dazu reichen. Wer mag, kann die Sauce noch mit frisch gehackten Kräutern bestreuen.

Die Pastete sieht nicht nur klasse aus: Das feurig, würzige Innenleben dieses mediterran angehauchten herzhaften Knusperwunders hält, was die krosse Hülle verspricht. Da fliegen sicher alle Gäste drauf. Also aufpassen, dass Sie ein Stückchen abbekommen ...

GEMÜSE-LAMM-PASTETE

gut vorzubereiten

Für 1 Springform von 26 cm ⌀:
600 g Lammfleisch (aus der Keule)
2 Zwiebeln
2 Knoblauchzehen
2 rote Paprikaschoten
2 Auberginen
6 EL Olivenöl
Salz • Pfeffer
3 EL Tomatenmark
1 TL getrockneter Oregano
1 TL gemahlener Kreuzkümmel
200 g Schafkäse (Feta)
1 Bund Petersilie
ca. 60 g Butter
250 g Yufka- oder Fillo-Teig
  (10 Blätter)

Zubereitungszeit: ca. 1 Std. 10 Min.
Backzeit: ca. 30 Min.
Pro Stück (bei 12 Stück):
ca. 320 kcal

1 Fleisch von Sehnen und Fett befreien und in 2 cm große Würfel schneiden. Zwiebeln und Knoblauch schälen und getrennt fein würfeln. Paprikaschoten und Auberginen waschen, putzen und separat in 1 cm große Würfel schneiden.

2 2 EL Öl in einer beschichteten Pfanne erhitzen, das Fleisch mit der Hälfte des Knoblauchs darin rundherum scharf anbraten. Die Hitze reduzieren, das Fleisch salzen, pfeffern und herausnehmen. Zwiebeln bei mittlerer Hitze anbraten. Das Fleisch dazugeben, Tomatenmark, Oregano und Kreuzkümmel unterrühren und alles 1 Min. unter Rühren braten, herausnehmen.

3 Die Pfanne reinigen, 3 EL Öl darin erhitzen. Auberginen mit etwas Knoblauch rundherum bei mittlerer Hitze 3 Min. braten, salzen, pfeffern und herausnehmen. Paprikaschoten mit übrigem Knoblauch in 1 EL Öl 3 Min. anbraten, salzen, pfeffern und herausnehmen. Fleisch und Gemüse mischen, abkühlen lassen.

4 Den Schafkäse trocken tupfen und klein würfeln. Petersilie waschen, trocken schütteln und grob hacken. Den Backofen auf 180° vorheizen. Butter schmelzen und die Springform dünn mit etwas Butter ausstreichen. Die Teigblätter einzeln dünn mit flüssiger Butter bestreichen. 2 Blätter in die Mitte der Form legen, die übrigen überlappend so in die Form legen, dass immer gut die Hälfte über den Rand hängt.

5 Die leicht abgekühlte Fleisch-Gemüse-Masse mit Käse und Petersilie mischen, eventuell nochmals würzen (eher sparsam salzen, da der Käse oft sehr salzig ist) und in die Form füllen. Die überhängenden Teigblätter locker nach innen über die Füllung schlagen und mit Butter bestreichen. Die Pastete im Ofen (Mitte, Umluft 160°) in 30 Min. goldbraun und knusprig backen (sollte sie zu schnell bräunen, gegen Backzeitende ein Backpapier darüberlegen). Die fertige Pastete vor dem Anschneiden unbedingt 5 Min. ruhen lassen. Lecker dazu: frischer, cremiger Naturjoghurt.

Cremig-fruchtiges Tiramisu à la Pfirsich Melba: zwei Dessertklassiker in einem. Es lässt sich schon in aller Ruhe Stunden vor der Party zubereiten und hält auch ein bisschen auf dem Büfett durch. Wenn man es lässt ...

PFIRSICH-MELBA-**TIRAMISU**
Kuchen oder Dessert? Hauptsache lecker!

Für 8–10 Portionen:
200 g weiche Butter
180 g Puderzucker
4 Eier
250 g Mehl
1/2 TL Backpulver
abgeriebene Schale von 1/2 Bio-
    Zitrone
500 g reife Pfirsiche
1 Vanilleschote
150 g Zucker
50 ml Weißwein (ersatzweise Wasser,
    falls nötig)
8 EL Amaretto (Mandellikör; ersatz-
    weise frisch gepresster Orangensaft)
200 g Sahne
2 Päckchen Vanillezucker
je 250 g Mascarpone und Magerquark
600 g Himbeeren (frisch oder TK)
Butter für die Form

Zubereitungszeit: 40 Min.
Backzeit: 1 Std. 15 Min.
Kühlzeit: 2 Std.
Pro Portion (bei 10): ca. 660 kcal

1 Den Backofen auf 160° vorheizen. Die Butter in Stücke schneiden und mit dem Puderzucker mit den Quirlen des Hand-rührgeräts in 5 Min. cremig weich rühren. Die Eier nacheinander dazugeben, dabei jedes einzelne immer erst gründlich unter-rühren. Mehl, Backpulver und Zitronen-schale mischen und zügig unter die Eimasse rühren. Eine Kastenform (27 cm) fetten, den Teig einfüllen und im Ofen (Mitte, Umluft 140°) in 1 Std. 15 Min. hell-braun backen. Gegen Ende der Backzeit evtl. mit Pergamentpapier abdecken. He-rausnehmen, kurz abkühlen lassen, auf ein Kuchengitter stürzen und abkühlen lassen.

2 Inzwischen die Pfirsiche einritzen, mit kochendem Wasser überbrühen und häu-ten. Halbieren, entkernen und 1 cm groß wurfeln. Vanilleschote aufschlitzen, das Mark herauskratzen und mit 1/4 l Wasser, der Schote und 6 EL Zucker aufkochen, 2 Min. sprudelnd kochen lassen. Wein und Pfirsiche dazugeben und offen bei ganz schwacher Hitze 3–5 Min. köcheln, dann abkühlen lassen. In ein Sieb abgießen, dabei den Sud auffangen und die Vanille-schote herausfischen.

3 Den abgekühlten Kuchen waagrecht hal-bieren, in einer quadratischen Form ausle-gen (Schnittflächen nach oben). Mandel-likör oder Orangensaft mit dem Pfirsichsud verrühren, den Kuchen mit zwei Dritteln davon tränken. Die abgetropften Pfirsiche darauf verteilen. Die Sahne mit Vanillezucker steif schlagen. Mascarpone mit Quark, restlichem Pfirsichsud und 4–5 EL Zucker verrühren, die Sahne unterheben und die Creme auf den Pfirsichen verstreichen. Zugedeckt mindestens 1 Std. im Kühl-schrank durchziehen lassen.

4 Inzwischen die Himbeeren verlesen, waschen, trocken tupfen und mit dem übri-gen Zucker in einen Topf geben (TK-Beeren gefroren). Unter Rühren einmal aufkochen, vom Herd nehmen und abkühlen lassen. Vor dem Servieren die abgekühlten Beeren auf der Creme verteilen.

Wenn es keine frischen Pfirsiche gibt?

1 Dose Pfirsiche (ca. 825 g, im eigenen Saft ohne Zucker) in einem Sieb abtropfen las-sen, den Saft auffangen. Die Pfirsiche klein würfeln. Saft mit Weißwein, Zucker und Vanilleschote (ohne Wasser!) wie beschrie-ben aufkochen, Pfirsiche 1 Min. mitkochen. Vom Herd nehmen, wie beschrieben abkühlen lassen und weiterverarbeiten.

Sushi beim Japaner – zu teuer? Besser selber machen! Zu kompliziert?
Ach wo, am besten Freunde einladen und gemeinsam Temari-Sushi rollen!
Die Bällchen gelingen auf Anhieb, und jeder packt sich drauf, was er mag.
Prämiert wird das schönste Bällchen mit einer Runde Sake für alle!

BUNTE SUSHI-BÄLLCHEN
vielseitig · einfach zu machen

Für ca. 40 Stück:
Für die Sushibällchen:
500 g Sushi-Reis
70 ml Reisessig
4 EL Zucker • 2 TL Salz
Essig zum Arbeiten
Für den Belag:
1 Bio-Salatgurke
je Bund Dill und Schnittlauch
Wasabipaste (Asienladen)
200 g Doppelrahmfrischkäse
1 Beet Kresse
5 Frühlingszwiebeln
10 Scheiben Graved Lachs
1 geräuchertes Forellenfilet
1 kleine Avocado
2 EL frisch gepresster Zitronensaft
120 g geschälte gegarte Cocktail-
*   garnelen*
50 g Forellenkaviar
weiße und schwarze Sesamsamen
Sojasauce und eingelegter Ingwer zum
*   Anrichten*

Zubereitungszeit: 1 Std. 20 Min.
Quellzeit: 30 Min.
Pro Stück: ca. 100 kcal

1 Den Reis in eine Schüssel mit kaltem Wasser geben und vorsichtig durchrühren. Das milchige Wasser abgießen. Diesen Vorgang 3- bis 5-mal wiederholen, bis das Wasser fast klar bleibt. Dann den Reis in kaltem Wasser 30 Min. quellen lassen.

2 Reis in ein Sieb abgießen. In einem Topf mit 550 ml Wasser zugedeckt bei starker Hitze 2 Min. kochen lassen, dann bei ganz schwacher Hitze 10 Min. garen. Den Topf vom Herd nehmen, Deckel abnehmen, ein sauberes Geschirrtuch über den Topf legen und den Reis so 15 Min. abkühlen lassen.

3 Inzwischen Essig, Zucker und Salz unter Rühren erwärmen, bis sich Zucker und Salz auflösen. Den Reis in einer flachen Schale verteilen. Essigmischung über den Reis träufeln und behutsam mit einem Holzlöffel unterarbeiten, dabei nicht rühren und aufpassen, dass die Körner nicht zusammengequetscht werden. Sobald der Reis kalt ist, verarbeiten oder bis zum Verarbeiten mit einem feuchten Tuch bedecken.

4 In einer Schüssel etwas Wasser mit wenig Essig mischen. Die Hände damit befeuchten, den Reis in 40 Portionen teilen und zu Bällchen formen, ganz leicht flach drücken, ohne den Reis zu quetschen.

5 Für den Belag die Gurke waschen und in 3 mm dicke Scheiben schneiden. Jedes Bällchen auf 1 Scheibe setzen. Kräuter waschen und trocken schütteln. Die Hälfte fein hacken und mit 1 TL Wasabipaste und Frischkäse verrühren. Restlichen Schnittlauch in lange Stücke schneiden, Dillspitzen abzupfen. Die Kresse vom Beet schneiden. Frühlingszwiebeln waschen, putzen, das Grün in feine Ringe und den weißen Teil schräg in breitere Ringe schneiden. Lachs so groß wie die Reisbällchen zuschneiden, Forelle in Stücke teilen. Avocado halbieren, schälen und längs in Spalten schneiden, diese evtl. halbieren und sofort mit Zitronensaft mischen. Auf jedes Bällchen reichlich Frischkäsecreme oder wenig Wasabipaste streichen, darauf vorbereitete Zutaten nach Wunsch legen und mit Sesamsamen, Kresse, Dillspitzen oder Schnittlauchhalmen verzieren. Dazu Sojasauce zum Dippen und eingelegten Ingwer zum Dazuessen reichen.

FLEISCHFONDUE MIT WÜRZIGER BRÜHE

gut vorzubereiten

Für 6–8 Personen:
je 400 g Rinder- und Schweinefilet und
*   Reh- oder Hirschfilet (aus dem*
*   Rücken)*
2 l Rinderbrühe (s. S. 87 oder Fond aus
*   dem Glas)*
2 Knoblauchzehen
1 Stängel Rosmarin
4 Stängel Thymian

Zubereitungszeit: 20 Min.
Pro Portion (bei 8): ca. 195 kcal

1 Das Fleisch in 4–5 mm dünne Scheibchen schneiden (geht besonders gut, wenn man es vorher 2 Std. im Gefrierfach anfrieren lässt). Nach Fleischsorten getrennt auf einer Platte auslegen und, bis die Gäste kommen, mit Klarsichtfolie abdecken.

2 Inzwischen die Brühe in einen Topf geben. Knoblauch schälen und halbieren, die Kräuter waschen, beides in die Brühe geben. Einmal aufkochen lassen und offen 5 Min. köcheln lassen, ggf. warm halten, bis die Gäste da sind. Dann heiß durch ein Sieb in einen Fonduetopf gießen und auf den heißen Rechaud stellen.

Was ich noch zum Fondue brauche

Pro Person 250–300 g Brot rechnen (am besten frisches Baguette), einen frischen Salat (z. B. Feldsalat), etwas eingelegtes Gemüse, Essiggürkchen oder auch mal Senffrüchte. Die Getränke sollten eher leicht sein, z. B. Weißwein oder Rosé, Bier oder auch mal Tee.

... und wenn ich nicht nur Fleisch mag?

Dünn geschnittene Möhrenscheiben, Zuckerschoten und dicke Lauchstücke, kurz in Salzwasser vorgegart und kalt abgeschreckt, in der Brühe fertig garen.

Hier muss keiner im Trüben fischen. Alle dürfen ihr Fleisch ausgiebig in kräuter-würziger Brühe baden. Das geht ganz gemütlich und lässt viel Zeit zum Reden. Die Brühe gibt's am nächsten Tag als Suppe, denn sie wird bei jedem Fleischtauchgang noch intensiver.

MANGO-TOMATEN-DIP

ungewöhnlich

Für 6–8 Personen:
2 Stängel Staudensellerie
1 große reife Mango
1 Zwiebel • 1 Knoblauchzehe
1 Stück frischer Ingwer (ca. 4 cm)
4 EL Olivenöl
400 g stückige Tomaten (aus der Dose)
3 EL Weißweinessig • 2 EL Sojasauce
2 TL brauner Zucker
Salz • Pfeffer • Chilipulver
6 Stängel Koriandergrün

Zubereitungszeit: 25 Min.
Pro Portion (bei 8): ca. 85 kcal

1 Den Sellerie waschen, putzen und in feine Würfel schneiden. Die Mango schälen, das Fruchtfleisch schräg vom Stein schneiden und klein würfeln. Zwiebel, Knoblauch und Ingwer schälen und ganz fein hacken.

2 Das Öl in einem Topf erhitzen, Zwiebel, Knoblauch, Ingwer und Sellerie darin andünsten, dann die Tomaten und die Mango dazugeben. Alles offen bei mittlerer Hitze 15 Min. köcheln lassen.

3 Essig, Sojasauce und Zucker unter die Sauce rühren und weitere 2–3 Min. köcheln lassen. Mit Salz, Pfeffer und Chilipulver würzen. Die Hälfte der Sauce abnehmen und fein pürieren, dann wieder mit der stückigen Hälfte mischen und abkühlen lassen. Das Koriandergrün waschen, trocken schütteln, die Blättchen fein hacken und unter den abgekühlten Dip rühren.

ESTRAGON-ORANGEN-AÏOLI

kräuterfein • mediterran

Für 6–8 Personen:
1 Bio-Orange
3 Knoblauchzehen • Salz
1/2 Scheibe Toastbrot (ersatzweise
    1 EL Semmelbrösel)
1 EL Weißweinessig
1 frisches Ei
200 ml Olivenöl • Pfeffer
edelsüßes Paprikapulver
4 Stängel Estragon

Zubereitungszeit: 20 Min.
Pro Portion (bei 8): ca. 250 kcal

1 Die Orange heiß waschen und abtrocknen. Die Schale fein abreiben und den Saft auspressen. Den Knoblauch schälen und hacken, dann mit 1 guten Prise Salz mit der Schneide eines breiten Messers zerdrücken und fein zermusen.

2 Das Toastbrot fein zerbröseln, mit dem Knoblauchmus, Essig und 2 EL Orangensaft in einen hohen Mixbecher geben. Gut zu einer zähen Masse verrühren. Das Ei und die Hälfte des Öls dazugeben und das Ganze zügig mit dem Stabmixer oder Pürierstab zu einer glatten Mayonnaise mixen, dabei das restliche Öl nach und nach dazugießen.

3 Die Mayonnaise mit Salz, Pfeffer, 2 Msp. Orangenschale und 1 Prise Paprikapulver würzen, evtl. mit Orangensaft oder Essig abschmecken. Den Estragon waschen und trocken schütteln, die Blättchen abzupfen, fein hacken und unterrühren.

Knusperzarte Waffeln mit süßen Dips – da leuchten nicht nur Kinderaugen.
Beim fröhlichen Waffelbacken kann der Partyspaß ruhig schon am späten
Nachmittag losgehen. Wenn Kaffee, Tee oder Kakao und die feinen Sößchen
schon bereitstehen, finden sich sicher gleich willige Waffelbäcker.

WAFFELN MIT SÜSSEN SAUCEN
besser als jeder Kuchen

Für ca. 8 Stück:
250 g weiche Butter
200 g Zucker
4 Eier
abgeriebene Schale von 1/2 Bio-
Zitrone
150 g Mehl
130 g Speisestärke
2 Msp. Backpulver
Puderzucker zum Bestäuben

Zubereitungszeit: 40 Min.
Pro Stück: ca. 510 kcal

1 Die Butter in Stücke schneiden und mit dem Zucker in eine Schüssel geben. Mit den Quirlen des Handrührgeräts hell cremig rühren. Die Eier nacheinander gründlich unterrühren. Zitronenschale mit Mehl, Speisestärke und Backpulver mischen und zügig unter die Buttermasse rühren.

2 Das Waffeleisen nach Betriebsanleitung vorheizen, evtl. dünn einfetten und pro Waffel ca. 2 EL Teig in die Mitte der unteren Backfläche geben. Das Waffeleisen schließen und die Waffel in 2–3 Min. goldbraun ausbacken. Vorsichtig aus dem Eisen nehmen, auf ein Kuchengitter legen, mit Puderzucker bestäuben und servieren.

Und was gibt's dazu?
Leckere Karamellsauce
100 g Zucker in einem Topf bei mittlerer Hitze goldbraun karamellisieren lassen. 120 ml Wasser dazugießen und bei mittlerer Hitze kochen, bis sich der Karamell vollständig gelöst hat. Inzwischen 100 ml Milch mit 2 gestrichenen EL Speisestärke und 1 Päckchen Vanillezucker verrühren, dann 2 Eigelbe damit verquirlen. 400 ml Milch zum Karamell geben und aufkochen lassen. Die Eiermilch unter Rühren mit dem Schneebesen dazugießen und bei mittlerer Hitze unter kräftigem Rühren kochen, bis die Sauce cremig andickt. Vom Herd nehmen, nach Belieben 2 EL Amaretto unterrühren und abkühlen lassen.

Erfrischender Haselnussdip
3 EL gemahlene Haselnüsse in einer Pfanne ohne Fett rösten, vom Herd nehmen. Inzwischen 2 EL Haselnussmus (Bioladen) mit 3 EL Honig oder Ahornsirup, 2 Msp. Zimtpulver und 150 g Sahnejoghurt glatt rühren. 100 g Sahne steif schlagen und mit den Haselnüssen unter die Creme heben. Für Erwachsene zusätzlich 3 EL Whiskey-Sahnelikör (z. B. Baileys) unter den Dip rühren.

Herb-fruchtige Preiselbeersahne
200 g Sahne mit 1 Päckchen Vanillezucker und Sahnesteif steif schlagen. 100 g Preiselbeeren (aus dem Glas) vorsichtig unterheben.

Und was sonst noch dazu schmeckt:
Kirschsauce (s. S. 47) oder Vanillesauce (s. S. 157)

Ein idealer Wachmacher, so eine richtig scharfe Mitternachtssuppe. Egal, ob an Silvester, beim Reinfeiern in den Geburtstag oder wann immer sonst zu fortgerückter Stunde, danach sind alle Gäste garantiert wieder putzmunter.

BOHNEN-RINDFLEISCH-CHILI

preiswert · gut vorzubereiten

Für 6–8 Personen:
350 g getrocknete Kidneybohnen
1/2 Bund Thymian
4 Knoblauchzehen
2 Lorbeerblätter
Salz
450 g Rindergulasch (aus der Schulter)
4 Zwiebeln
4 grüne Chilischoten
5 EL Sonnenblumenöl
Pfeffer
1 Dose geschälte Tomaten (800 g)
1 EL gemahlener Kreuzkümmel
1 1/2 EL edelsüßes Paprikapulver
1 EL getrockneter Oregano
1 EL gekörnte Rinderbrühe
1 Bund Koriandergrün (nach Belieben)

Zubereitungszeit: 25 Min.
Einweichzeit: 24 Std.
Garzeit: 2 Std. 45 Min.
Pro Portion (bei 8): ca. 320 kcal

1 Die Bohnen über Nacht in einer Schüssel mit reichlich Wasser quellen lassen. Wasser abgießen. Die Bohnen dann in einem Topf mit 2 l Wasser aufkochen lassen. Thymian waschen. 1 Knoblauchzehe schälen, halbieren, mit 1 Lorbeerblatt und 5 Thymianstängeln zu den Bohnen geben. Bei mittlerer Hitze zugedeckt 45–60 Min. garen, bis die Bohnen gar sind. Kurz vor Garzeitende salzen. Abgießen, dabei den Sud auffangen, Knoblauch und Thymianzweige herausfischen, die Bohnen abtropfen lassen.

2 Inzwischen das Gulasch kleiner schneiden (ca. 3 cm). Zwiebeln und übrigen Knoblauch schälen und klein würfeln. Chilischoten putzen und mit den Samen hacken. 3 EL Öl in einem großen Topf erhitzen, darin das Fleisch rundherum scharf braun anbraten, salzen, pfeffern und herausnehmen.

3 Übriges Öl in den Topf geben, Zwiebeln und Knoblauch darin bei mittlerer Hitze andünsten. Chili und Tomaten samt Saft dazugeben, die Tomaten im Topf grob zerteilen. 600 ml Bohnensud mit den Gewürzen, Oregano und der Brühe unterrühren. Zugedeckt bei schwacher Hitze 1 Std. 40 Min. garen, ab und zu umrühren. Bohnen dazugeben

und in 5 Min. heiß werden lassen. Mit Salz und Pfeffer abschmecken. (Wer die Suppe noch schärfer mag, kann mit Chilipulver nachwürzen!) Nach Belieben das Koriandergrün waschen, trocken schütteln, hacken und unter den Eintopf rühren.

Und was gibt's dazu?

Frisches Maisbrot: Dafür 170 g Maismehl und 50 g Weizenmehl mit 1 TL Backpulver, 2 Msp. Chilipulver und 1/2 TL gehackten Rosmarinnadeln mischen. 2 Eier mit 1/4 l Milch, 1 TL Zucker, 1/2 TL Salz und 20 g geschmolzener, leicht abgekühlter Butter verquirlen. Die Mehlmischung zügig, aber gründlich unterrühren und den Teig in eine gefettete Metallform (ca. 25 × 30 cm) füllen. Im heißen Ofen (Mitte, Umluft 180°) in 18–20 Min. goldgelb backen. Zum Servieren in Stücke teilen. Schmeckt lauwarm und kalt.

Zum Nachschlagen

Zum Gebrauch
Damit Sie Rezepte mit bestimmten Zutaten schneller finden, stehen in diesem Register zusätzlich auch Zutaten wie **Äpfel** oder **Reis** – ebenfalls alphabetisch geordnet und **hervorgehoben** – über den entsprechenden Rezepten.

REGISTER NACH ANLÄSSEN

Zum Nachschlagen

Zum Nachschlagen

Die Autorin

Tanja Dusy kennt alle Herausforderungen, die mit dem täglichen Kochen oder dem Bewirten von Gästen verbunden sind, aus langjähriger Praxis. Schon als Kind experimentierte die begeisterte Köchin mit Topf und Pfanne und begeisterte sich für Rezepte aus aller Welt. Seit 2001 ist sie Kochbuchredakteurin im GRÄFE UND UNZER VERLAG. Einige ihrer erfolgreichen Titel, wie »Indien – Küche & Kultur« und »Kaffee & Espresso«, wurden mit Preisen ausgezeichnet.

Der Fotograf

Klaus-Maria Einwanger macht als food art factory mit Leidenschaft aus Essen Kunst. Er setzt Foodthemen in Lifestyle um und schafft eine Atmosphäre, die Lust auf mehr macht. Die stimmungsvollen Bilder entstehen in seinen Studios im Münchner Süden und in London. Unterstützt wurde er von Monika Schuster und Anka Köhler, die für das Foodstyling verantwortlich waren. Rund um Ausstattung und Styling bewies Alexandra Holzer ihr Können. Fotoassistenten waren Sandra Mayer, Toni Maier und Max Wohllaib. Die digitale Bildbearbeitung hat Christian Kempf übernommen und als Model haben wir Deborah De Luca gewinnen können. Ein herzliches Dankeschön auch an alle anderen, die dem Team außerdem tatkräftig zur Seite standen.

© 2009 GRÄFE UND UNZER VERLAG GmbH, München

Alle Rechte vorbehalten. Nachdruck, auch auszugsweise, sowie die Verbreitung durch Film, Funk, Fernsehen und Internet, durch fotomechanische Wiedergabe, Tonträger und Datenverarbeitungssysteme jeglicher Art nur mit schriftlicher Genehmigung des Verlages.

Redaktion: Birgit Rademacker
Lektorat: Adelheid Schmidt-Thomé
Korrektorat: Mischa Gallé
Layout, Typografie und Umschlaggestaltung: independent Medien-Design, München
Herstellung: Renate Hutt
Satz: Liebl Satz+Grafik, Emmering
Reproduktion: Longo AG, Bozen
Druck: Firmengruppe APPL, aprinta druck, Wemding
Bindung: Firmengruppe APPL, m.appl GmbH, Wemding

ISBN 978-3-8338-1734-2

1. Auflage 2009

Bildnachweis

alle Fotos food art factory; Klaus-Maria Einwanger, Rosenheim

Unsere Garantie

Alle Informationen in diesem Ratgeber sind sorgfältig und gewissenhaft geprüft. Sollte dennoch einmal ein Fehler enthalten sein, schicken Sie uns das Buch mit dem entsprechenden Hinweis an unseren Leserservice zurück. Wir tauschen Ihnen den GU-Ratgeber gegen einen anderen zum gleichen oder ähnlichen Thema um.

Liebe Leserin und lieber Leser,

wir freuen uns, dass Sie sich für ein GU-Buch entschieden haben. Mit Ihrem Kauf setzen Sie auf die Qualität, Kompetenz und Aktualität unserer Ratgeber. Dafür sagen wir Danke! Wir wollen als führender Ratgeberverlag noch besser werden. Daher ist uns Ihre Meinung wichtig. Bitte senden Sie uns Ihre Anregungen, Ihre Kritik oder Ihr Lob zu unseren Büchern. Haben Sie Fragen oder benötigen Sie weiteren Rat zum Thema? Wir freuen uns auf Ihre Nachricht!

Wir sind für Sie da!
Montag–Donnerstag: 8.00–18.00 Uhr;
Freitag: 8.00–16.00 Uhr
Tel.: 0180–5005054* *(0,14 €/Min. aus dem dt. Festnetz/
Fax: 0180–5012054* Mobilfunkpreise können abweichen.)
E-Mail: leserservice@graefe-und-unzer.de

P.S.: Wollen Sie noch mehr Aktuelles von GU wissen, dann abonnieren Sie doch unseren kostenlosen GU-Online-Newsletter und/oder unsere kostenlosen Kundenmagazine.

GRÄFE UND UNZER VERLAG
Leserservice
Postfach 86 03 13
81630 München

GRÄFE UND UNZER

Ein Unternehmen der
GANSKE VERLAGSGRUPPE